城市文明治理

中国特色城市治理模式研究

张丽华 著

東方出版中心

图书在版编目（CIP）数据

城市文明治理：中国特色城市治理模式研究 / 张丽华著. —上海：东方出版中心，2021.11
ISBN 978-7-5473-1910-9

Ⅰ. ①城… Ⅱ. ①张… Ⅲ. ①城市管理－研究－中国 Ⅳ. ①F299.23

中国版本图书馆CIP数据核字（2021）第203291号

城市文明治理——中国特色城市治理模式研究

著　　者　张丽华
策　　划　张爱民
责任编辑　戴欣倍
装帧设计　钟　颖

出版发行　东方出版中心
地　　址　上海市仙霞路345号
邮政编码　200336
电　　话　021-62417400
印 刷 者　上海盛通时代印刷有限公司

开　　本　710mm × 1000mm　1/16
印　　张　15
字　　数　181千字
版　　次　2021年11月第1版
印　　次　2021年11月第1次印刷
定　　价　58.00元

前言

中国的城市化体现了一种新的城市发展样态，为人类探索多元化的城市发展提供了可能性。城市治理水平决定城市的发展水平，适应城市发展阶段的科学的城市治理模式将促使城市治理水平显著提高，反之，缺乏有效的城市治理理论范式加以引导，则会将城市治理带入歧途，阻碍城市的发展。

随着中国特色社会主义进入到一个新时代，主要社会矛盾发生了转变。这标志着中国人民追求物质满足的时代已经过去，追求美好生活的幸福时代已经来临，我们必须提高城市治理水平，进而为人民的美好生活提供现实场域。但是，由于不平衡、不充分的发展以及社会分工的日益精细化，形成了各种城市问题层出不穷、人们差异化需要难以满足等治理难点，使当前的城市治理面临各种困境，由行政手段主导的传统的自上而下的城市治理模式变得越来越被动。党的十九届四中全会关于进一步推进国家治理体系和治理能力现代化的决定，对处于国家治理前沿的城市治理提出了新要求，也为变革城市治理模式提供了新的契机。

基于上述理论和现实背景，本书对中国特色城市“文明治理”模式展开了深入的研究和探索，力求取得五个方面的突破——

第一，结合国内外有关城市治理和城市治理模式的理论，分析城市发展阶段与城市治理理论之间的关系，对不同阶段城市治理理论指引下形成的城市治理模式的特点进行研究，进而提出在新时代需要基于中国特色治理语境，本土化的创新城市治理模式。通过对国内外治理理论和实践的比较研究，在借鉴的基础上对相关理论进行反思，并提出中国特色城市治理新模式的三大本质：一是以“民生幸福”为基石的人文性城市治理；二是以“文明发展”为理念的可持续城市治理；三是以“文明治理”为模式的系统性城市治理。

第二，研究中国城市治理模式演变的历史逻辑，并对当前城市治理所面临的主要困境进行归纳。通过文献研究和实证分析，提出中国早期治理模式存在的主要问题有：一是资本逻辑引导下的城市治理目标偏移问题。中国早期建立在落后经济基础上的城市化，形成了早期城市治理模式中的以发展经济为主的“物本化”治理目标，资本逻辑推动的“土地城镇化”使城市化发展方向发生偏移，并引起城市治理目标中生产和生活的本末倒置，破坏了和谐的社会人文环境。二是由于规划存在的“近视”和滞后现象，形成了城市治理失序局面。表现为：在城市宏观规划中，由于只着眼于短期效益的“近视”规划而形成了“千城一面”的现象；在城市微观层面的公共设施规划滞后和无序现象；以及由于规划缺陷导致的公共利益与个人利益之间冲突尖锐化的失序现象。三是由于城市治理主体结构不平衡，导致城市治理成效低，形成了城市治理结构单一和效率难以提高的问题。四是由于单向度的行政化管理引发环境和秩序乱象，形成城市治理水平与手段方面的提升缓慢问题。

第三，立足于中国城市治理实践所面临的困境，从中国特色治理理论的新视角，在总结国内外城市治理研究成果的基础之上，针对快速城市化带来的机遇与挑战，以近 20 年的中国文明城市创建的实践为研究对象，分析城市治理过程中取得的成果和出现的问题，展示了城市治理向文明治理迈进的趋势和必要性。结合城市治理理论和中国治理实践，提出创建全国文明城市，已成为引导中国城市化和现代化建设的理想范式，并且在创建文明城市过程中，不断探索城市治理的实践基础，逐步凝练出一种具有中国特色的城市“文明治理”模式：该模式是以马克思的“文明实践论”为理论基础，以中国特色社会主义理论为指导，以“文明”为核心内涵和价值取向，以推进社会全面进步，实现人的全面发展为终极目标，覆盖城市政治、经济、文化、社会、生态全方位建设的系统性城市治理模式，是依据中国社会主要矛盾、社会问题与社会风险的最新变化和特点，在探索正确应对新挑战、处理新变化和适应时代新特点的基础上形成的城市治理模式。

第四，从理论架构维度对“文明治理”模式展开研究并取得部分进展。由价值导向、治理主体结构、治理手段和治理实践目标等层面切入，对中国特色城市“文明治理”模式的体系结构进行研究。提出中国特色城市“文明治理”模式是以“文明发展”为价值导向，以法制化、精细化和科技化为治理手段，并通过社会化路径构建起多元、开放、协调的治理主体结构，以实现全面提升城市形态、功能和素质文明为实践目标的城市治理模式。

第五，从运作的制度安排维度对“文明治理”模式展开研究并取得部分进展。首先是通过对制度安排的目标、载体和基本内容等层面的分析，探讨了中国特色城市“文明治理”模式运作的体制；其次是通过对保障机制、约束机制、激励机制和动态更新机制四类机制的分析，探讨了中国特色城市“文明治理”模式的运作机制；最后结合实践案例提出实现中国特色城市“文明治理”的精细化、社会化和科技化路径。

目　录

绪　论

城市作为文明的承载体，记录着人类文明进步的过程，展现着不同时期文明发展的水平和成果。从某种意义上说，城市的发展史就是人类文明进步的历史，因为文明发展的每个阶段和时期都会在城市中留下印记。城市的发展及城市化的水平记录着世界各国多姿多彩的文明进程，处于历史长河中的中国城市同样呈现出中华文明古国的风格，表现出独特的发展样态。

一、中国独特的城市发展样态

中国的城市化无论是从纵向的历史时间维度还是从横向的地域维度来看，都呈现出一个不均衡发展的城市化样态。从时间维度来看，自几千年前的城邦发展到新中国成立前，中国的城市化进程都是相对缓慢的，以农耕文化为主体的民族文明发展路径，决定了中国的城市化进程必定是一个艰难的过程。1949 年前中国只有 132 个城市，这些城市以政治功能为主的发展模式，决定中国人口大量聚集在农村地区，城市的经济资源稀缺、发展缓慢，仅能维持一小部分人口居住在城市。自新中国成立以来，中国城市的发展取得了较大的进步，总体而言大致经历了三个曲折的发展阶段。

第一，1949—1960 年跃进式发展阶段。面对薄弱的国民经济基础，百废待兴的贫困状况，迅速赶上世界经济发展步伐，改善国内物质条件的急切政治需求，迫使中央政府不得已采取了大力推进并优先发展重工业的经济发展战略，在工业化发展战略方面，形成了不同于其他国家先发展轻工业后发展重工业的初期工业发展战略。伴随着工业化的快速推进进程，城市化得到了迅速发展，到 1960 年年末，常住人口城镇化率达到 19.75%，比 1949 年年末提高了 9.11 个百分点，年均提高 0.83 个百分点；城市数达到 199 个，增加了 67 个，年均增加 6 个。此阶段城市治理的特点是，以推进工业化发展为主要目标，城市变成了工业发展的附属品，大部分居民都是产业工人，地域城市化被职业城市化所取代，城市管理模式为中央统一计划的行政管理模式。只重工业化发展而忽视城市自身建设的城市治理模式使城市成为国家经济发展的火车头，担负着带动全国经济发展的重任，在这样的治理模式引导下，不但形成了工业化地区城市发展迅速、非工业化地域经济落后以及城市数目稀少的不均衡城市化局面，更形成了计划经济时代的城市治理水平严重滞后于工业化进程的独特城市化发展状态。城市户籍与农村户籍的严格区分，人为地将人口固定在相对明确的地域，为未来的人口城市化设置了高成本壁垒，是“浮萍式”[1]流动人口出现的根源。而这种不顾生态平衡的高污染、高消耗的工业化进程，在为国家奠定早期工业化基础的同时，也为城市的可持续发展埋下了巨大的隐患。

第二，1961—1978 年停滞发展阶段。前期急躁冒进的重工业城市化

① 张丽华，鲍宗豪．城镇去“浮萍化”与新型生活方式构建［J］．江西社会科学，2016（9）：206-210.

基于对农业发展的牺牲。强行推进的工业化特别是重工业化，造成了农业资源的枯竭，城市失去农村的支撑，城市化难以为继，出现停滞不前甚至是倒退的状况，至 1978 年，中国的城市人口比重由原来的 19.5% 下降到 17.2%，城市数目也仅仅增加了 2 个，由 191 个增加到 193 个。这个阶段城市治理模式的特点是以政治运动代替管理，以实现政治目标为主，这样的管理结果，导致城市的经济和文化发展均处于停滞甚至倒退的状态。

第三，1979—2017 年快速发展阶段。改革开放构建了中国城市化的现代化模式，在改革前期经济发展积累起雄厚国家资本的基础上，中国的城市化进入了一个飞速发展的阶段。统计显示，2017 年年末，我国城镇常住人口达到 8.1 亿人，相比 1978 年年末增加了 6.4 亿人，人口城镇化率提高了 40.6 个百分点，达到 58.52%。我国城市总数达到 661 个，比 1978 年年末增加 468 个。城市人口快速增长，汇集 500 万以上人口的城市达到 16 个。相较于 1978 年年末，城市公共服务和基础设施明显改善，开通轨道交通的城市达到 32 个，运营线路总长度由 23.6 千米增加到 4 484 千米。2016 年年末，公共汽（电）车拥有量由 1.7 万辆，增长到 47.7 万辆，出租车达 95.4 万辆。[①]

独特的中国城市化发展呼唤着中国特色的城市治理模式，同时也形成了中国城市治理模式创新的理论和现实背景。一方面是在中国加速现代化的城市化背景下西方理论的失语。改革开放带来了中国经济的腾飞，高度压缩的时空特性使中国的城市治理面临不同于任何国家的全新现实挑战，西方城市的治理经验已不能为中国独特的城市发展模式提供有效借鉴，因此，我们急需把握中国城市化的逻辑进程和发展脉络，创

① 陈炜伟 . 改革开放以来我国城镇化水平显著提高［N］. 人民日报，2018-9-11（4）.

新中国城市治理理论，探索城市治理模式，从而为城市治理现实提供有效的理论范式参照。另一方面是在中国的不平衡发展背景下形成了差异化需求递增的现实状况。随着经济发展水平的提高，国家综合实力得到了显著提升，主要社会矛盾发生了阶段性变化。快速发展的生产力已经能够满足人们对物质和文化的基本需求，人们对美好生活的向往成为新时代的新追求。作为实现美好生活的城市治理，成为解决新矛盾的前沿阵地。在不平衡、不充分的发展，以及社会分工日益精细化的背景下，面临着各种层出不穷的城市问题及人们的差异化需求难以满足等治理难点的挑战，只有不断提高城市的治理水平，才能为打造高品质的生活提供现实场域。

二、“城市病”对城市治理发出的挑战

世界城市发展的历史表明，城市化的发展主要有三条途径，工业城市化、土地城市化和人口城市化。其中，工业城市化和土地城市化都是以物质建设为主的途径，也是我国传统的城市化发展方式。由于国家将城市作为经济发展的动力系统，这样的城市化使我国经济社会得到快速的发展，迅速提升的国家综合实力，推进中国较快地进入了现代化社会。但因为传统的城镇化过于注重经济的发展，过于重视物质文明建设的同时忽视了城市的软环境治理，导致中国城镇的发展出现较多的问题。比如“城镇空间分布和规模结构不合理，与资源环境承载能力不匹配”，少数特大型城市人口密集度已经超出城市承载能力；“体制机制不健全”制约着农业转移人口市民化；“大量农业转移人口难以融入城市社会，市民化进程滞后”形成“浅层市民化”；“‘土地城镇化’快于人口城镇化，建设用地粗放低效”；“城市管理服务水平不高，‘城市病’

问题日益突出”[①]。特别是人口“浮萍式”流动带来的中国大型城市的“生活方式危机”，使城镇居民的物质生活和精神生活质量都受到严重影响。

世界各国特别是后发国家，对城市化带来的问题都展开了积极探索。对“城市病”成因的研究表明，资源不足并不是造成各种“城市病”爆发的根本原因。20 世纪中期，西方国家的城市从工业化转向后工业化的阶段所出现的大规模的衰落，说明物质资源丰富并非城市健康发展的必然条件。随着城市职能的转化，依靠工业发展起来的城市迅速衰落，出现人口郊区化、城市功能单一和公共空间丧失等问题。同时，后发国家将大量资金投入市政建设却收效不明显的结果表明，城市健康发展的关键在于如何有效地配置资源，让城市建设布局更合理。也就是说，与城市健康发展密切相关的核心因素不在于物质资源的充沛性，而在于城市治理的能力和模式。

对于何种治理模式才是应对“城市病”的有效模式，各国纷纷结合实践展开了探索。20 世纪 40 年代至 70 年代，西方针对城市发展问题提出了“城市复兴”计划，采取了单一的物质更新办法，实施由政府主导的治理模式对城市衰落区进行重新规划，更新了城市的物质空间，试图依靠公共机构为居民提供公共服务，但政府公共机构存在的治理能力不足及腐败等问题，却引发了政府失灵的局面。城市功能单一、公共服务供给不合理等城市矛盾仍然存在。20 世纪 80 年代以后，“城市更新”概念在西方国家逐渐被“城市再生”概念所代替[②]，对经济、社会、物质的综合性重塑成为城市治理的方向。在新自由主义思潮的推动下，采

---

① 中共中央，国务院 . 国家新型城镇化规划（2014—2020）[EB/OL] .（2014-8-16）http://www.gov.cn/gongbao/content/2014/content_2644805.htm?76p

② 金墨非等 . 西方城市复兴中的城市设计策略给中国的启示 [J] . 城市营造，2017（2）: 12-22.

用了政府支持加市场主导的治理模式，大量引入私人资本，试图通过公共服务私有化来实现资源的有效配置，但因私人部门更关注自身的利润和收益，忽视了穷人的需求，使得公共服务和物品供给出现的不公平状况，标志着城市治理的市场失灵。面对城市治理的政府失灵和市场失灵，城市治理研究的学术热情被激发。英国“城市工作专题组”在1999年提出《迈向城市的文艺复兴》，在报告中将“城市复兴”与文艺复兴并提，城市治理成为与文艺复兴一样重要的时代命题。

学者们面对“城市病”的挑战所展开的探索表明，城市作为文明发展的承载体，需要与城市文明发展阶段相匹配的动态更新的治理模式。西方城市历经200多年的发展，从城市化的繁荣、衰落阶段，走向今天的努力复兴时期，治理的模式也从粗放式治理不断走向更加科学的文明治理。不得不说近代以来西方城市的治理理论和模式相对成熟，可以为发展中国家的城市治理提供借鉴。但我们的借鉴必须是有选择性的扬弃，而不能盲目地全盘照抄。西方城市治理过程中遭遇的“大城市病”等问题，特别是衰落阶段呈现的问题，以至于部分学者不得已提出的“逆城市化”理论，都表明西方城市治理模式也存在隐患。与此同时，由于各国的具体国情不同，每个阶段、每个时期甚至每个国家和地区的城市文明发展阶段也存在差异，西方现有的城市治理模式都是基于本国治理现实状况提出的方案，并不是普遍适用于任何城市的模式。在借鉴过程中我们必须有一个清晰的认知，中国社会发展走的是自己的道路，如果盲目借鉴西方的治理模式，就会犯教条主义的错误，不仅无法解决当前中国城市治理中存在的问题，还可能导致我国城市治理误入歧途。面对“城市病”的挑战，我们一方面需要借鉴西方成熟的理论，把握城市治理最新理论成果；另一方面要以西方城市治理失败经验为前车之鉴，把握中国城市化的脉络，在对西方治理理论进行本土化创新的基础上，探索和提炼中国特色的城市治理模式，促进我国城市治理理论的现代化发展。同时，我们还要以社会转型的新时代为背景，分析中国城市化过程中出现的问题，面对快速城市化带来的机遇与挑战，努力探索和研究具有中国特色的城市治理模式，为应对“城市病”的挑战，解决中国城市的现实问题探寻有效的治理方案。

三、中西方学者对城市治理模式展开的研究

模式是主体行为的一般方式，当一个领域逐渐成熟的时候，就会形成自己的模式。例如，经济发展模式、企业盈利模式和科学实验模式等。模式是理论与实践之间的中介环节，具有普遍性、简单性、重复性、结构性、稳定性和可操作性的特点。在实践中，必须将模式与特定条件结合起来，以实现通用性和特殊性之间的联系，并根据实际情况的变化随时调整要素和结构以使其可操作。Alexander 给出的模式的经典定义是：每个模式都描述了我们环境中不断出现的问题，然后描述了该问题解决方案的核心。这样，大家就可以持续地使用这些现成的解决方案，而不必去重复相同的工作。

城市治理模式就是在城市治理领域中，由一个国家的政体、历史文化传统等因素共同作用所形成的针对某个发展阶段不断出现的城市问题，在相关治理理论指引下设计出的，由具体治理理念、治理制度和治理方法所构成的动态体系，该体系描述了解决城市治理问题的核心方案，可以根据实际情况随时对要素和结构进行调整，从而为城市治理实践提供灵活的创新应对思路。

世界发展史表明，城市化驱动着国家经济的发展，并带来整个社会的进步，因此城市化程度和城市治理水平在 21 世纪仍是衡量一个国家

发展水平的重要标准。如何提高城市治理水平，推进本国的可持续城市化不仅体现一国的治理能力，还将影响一国未来的国际地位。无论是发达国家还是发展中国家，学者们对于城市治理的研究都投入了大量的精力。自20世纪以来，所取得的研究成果可以说是车载斗量、汗牛充栋。各国学者面对本国治理实际问题，从各种角度和分析框架出发展开了大量的研究。一是关于治理理念的研究。在20世纪80年代，学者们对管理的理念进行了研究，在公共事务管理中经常提到治理的概念。全球治理委员会将治理的基本理念描述为：是各种公共的或私人的机构和个人管理其共同事务的多种方式的总和。它是使相互冲突或不同的利益得以调和并且采取联合行动的持续过程[①]。在治理理论的影响下，美国的治理理念由管理主义转型为企业主义，美国学者罗森奥（J. N. Rosenau）等强调，治理实施过程中需要公众参与[②]。而我国学者孙施文提出："治理从开头起便区别于传统的政府统治概念。"[③]二是关于治理理论背景的研究。袁政等研究了治理理论的产生背景，指出基于存在政府失灵和市场失灵的状况，"市场——政府"二分的传统模式已不能满足公共事务管理的需要[④]，高度分化的城市社会对城市多样性的需求，第三部门的兴起以及信息技术的发展，都促进了治理现代化的实施。三是关于治理理论的研究。源自公共选择理论、新制度经济学和马克思主义理论的城市治理理论层出不穷，吴小林等人从"地理单元指向"和"公共权力指向"两个维度对这些理论进行了梳理，认为基于"地理单元指向"的理论是大都市政府理论、多中心治理理论、新区域主义理论与尺度重构理论，

---

① 俞可平．治理与善治［M］．北京：社会科学文献出版社，2000：7-19.

② 詹姆斯·N. 罗森奥．没有政府的治理［M］．张胜军，译．江西人民出版社，2001：32-47.

③ 孙施文．关于治理的解读［J］．国外城市规划，2002（1）：67-92.

④ 俞可平．治理与善治［M］．北京：社会科学文献出版社，2000：39-47.

基于“公共权力指向”的理论是城市增长机器理论、新马克思主义城市治理理论和城市政体理论[①]，并认为制度性集体行动理论是两种指向的理论出现合流的表现。

随着研究的深入，我们可以找到一个从城市治理的基本理念开始，经由城市治理理论基础到城市治理理论运用的研究发展趋势。随着在治理领域展开的研究逐渐变得日益成熟，越来越多的学者开始关注治理模式的研究。因为治理模式是理论与实践之间的中介链接，模式可以成为一种参照性指导方略。在良好的模式指导下，将有助于提高治理效率。模式可以让我们在面对治理实践问题时，得以根据既定思路快速找到解决问题的最佳方法，并达到事半功倍的效果。正如著名城市与区域专家约翰·弗里德曼所言：“寻找一个合适的治理模式，对这区域而言至关重要。”[②] 因此，本书认为城市治理模式包含了治理理念、治理理论和治理实践手段，并最终体现于治理体系，它关系到城市治理实践的成败，是城市治理理论的最终归宿，更是提高城市治理水平的关键。纵观国内外学者对城市治理展开的深入研究，可以看到对于城市治理模式的研究已经取得了较大的进展。

（一）国外研究现状

西方城市化经历了繁荣、衰落阶段，走向今天的努力复兴时期，西方治理理论也经历了相对应阶段的研究重点转换。城市治理在治理理论兴起之前，主要属于城市政治经济学与城市政治学的研究范畴。20 世纪 90 年代以来，城市治理理论开始占据主流地位，基于各种治理理论，

① 吴晓林，侯雨佳．城市治理理论的“双重流变”与融合趋向［J］．天津社会科学，2017（1）：59-71.

② John Friedmann. Intercity Networks in A Globalizing Era, in Allen J. Scotted. *Global City-Region: Trends, Theory, Policy*［M］. New York: Oxford University Press, 2001, 120.

学者们从不同的研究视角，对城市治理模式进行了深入的研究。

1. 基于方针、参与者、结果和手段的划分

瑞士政治学家皮埃尔将西方种类繁多的城市治理方式，依据方针、参与者、结果和手段归纳出四种城市治理模式[①]：社团模式、管理模式、福利模式和支持增长模式。社团模式（Corporatist Model）也称为合作模式，该模式主张的是各利益集团的高层领导的直接参与和利益集团基层的间接参与。管理模式（Managerial Model）强调专业参与，而不是政治精英的渗透。它的口号是让管理人员进行管理。福利模式（Welfare Model）主张各级政府为城市治理中的唯一参与者，城市政府的城市治理完全依赖于公共财政与自身公共权力，属于政府包干式治理，这个模式以地方政府官员和国家的官僚机构为主要参与者。短期目标是确保国家基金的流动，以维持当地活动，而长期目标尚不明确。支持增长模式（Progrowth Model）以促进城市经济增长为核心目标，并将推动城市经济发展的主要希望寄托在政治和商业精英上，是典型的精英治理模式。商界精英和当选的地方官员是这种模式的主要参与者，他们合力促进当地经济发展并获取共同利益。

2. 基于城市区域空间结构的历史视角划分

从城市区域空间结构的历史视角，瓦利斯·阿兰（Alan D. Wallis）把美国大都市治理划分为三个阶段，形成了三种治理模式：第一阶段为单核心中心发展的工业城市区，就是“传统区域主义”阶段；第二阶段为包括中心城市和郊区的多核心中心的城市区域，即“公共选择理论学派”阶段；第三阶段强调在同一区域内，地方治理实体之间的竞争，该阶段的特征为网络化，就是“新区域主义”阶段。

① Pierre J. Models of urban governance: The Institutional Dimension of Urban Politics[J]. *Urban Affairs Review*, 1999, 34(3): 372–379.

3. 以新公共管理定向的模式划分

新公共管理模式是一种新的管理模式，是在传统行政管理模式出现理论危机，同时又不得不面对越来越严峻的治理实践挑战的双重压力下形成的。传统公共行政管理的理论基础是“政治与行政二分法”理论和“官僚制”理论。与韦伯的“官僚制”理论即科层治理理论相对应的是传统的公共行政治理模式，这种模式的特征是：公共利益在政治上得以界定并由法律来表述；政府角色为划桨者，负责设计和执行政策，这些政策的主要关注范围是在政治上加以界定的单一目标；实现政策目标的机制是通过现有政府机构实施项目并实现目标；所采取的组织结构是官僚组织，其特征是机构内部的自上而下的权威以及对当事人进行的控制或管理。

新公共管理的理论基础是新自由主义经济学理论和私营企业管理理论及方法，“它从经济学理性角度出发，要求对经济学中的公共选择理论、委托——代理理论和交易成本理论加以运用，因此追求‘三 E’（economy、efficiency、effectiveness），即经济、效率、效能成为新公共管理的基本目标”[①]。新公共管理运动从英、美两国开始，自 20 世纪 80 年代以来迅速扩展到西方各国。行政体制改革的实施和行政方式的革新，已成为当时的时代潮流，各国采取的方式也各不相同。而作为这一复杂改革运动的标志，新公共管理所提倡的市场导向的手段和方法被用于城市社会的各个方面，计划经济体制下政府包办式的管理方式被打破，得到广泛传播和应用的是再造政府和经营城市的理念。

各国学者基于新公共管理理论，分别提出了多种治理模式：在《政府未来的治理模式》中，盖伊·彼得斯提出了以新公共管理定向的四种

① 杜建卿 . 新公共管理理论评析［J］. 现代商贸工业，2011（14）：20-22.

治理模式：参与型政府模式，市场化政府模式，解除规制政府模式和灵活性政府模式。不同的政府体制适用不同的治理模式，主张对政府管理有更多参与的是参与型政府，强调政府管理市场化的是市场化政府，倡导减少政府内部规则的是解制型政府，认为政府需要更多弹性化的是灵活性政府。

在《改革政府》中，“企业化政府”模式被戴维·奥斯本和特德·盖布勒提出。这种模式提倡利用企业家精神来改革传统僵化的公共行政模式，使政府能够适应全球化、信息化和市场化的时代要求。企业管理模式认为政府应该采用更多的治理，更少的管理，并且要关注治理的成本与收益，为了控制政府资源的不被浪费，必须引入市场竞争机制，进行合理的授权和防范，切实提高政府的运作效率。该模式包含十大基本原则：① 起催化作用的政府：掌舵而不是划桨；② 社区拥有的政府：授权而不是服务；③ 竞争性政府：把竞争机制注入提供服务中去；④ 有使命的政府：改变照章办事的组织；⑤ 讲究效果的政府：按效果而不是按投入拨款；⑥ 受顾客驱使的政府：满足顾客的需要，而不是官僚政治需要；⑦ 有事业心的政府：有收益而不浪费；⑧ 有预见的政府：预防而不是治疗；⑨ 分权的政府：从等级制到参与和协作；⑩ 以市场为导向的政府：通过市场力量进行变革。[①] 这十项原则在城市治理过程中如果得到了充分实施，将引起城市治理模式的转变，体现为城市政府职能、城市治理主体、城市治理任务、城市治理手段四个方面的变革。

城市伙伴治理模式由英厄马尔·埃兰德（瑞典厄勒布鲁大学教授）提出，这种模式主张将城市治理中的权力、资源和责任等下放给最接近

① 李忠民，汤哲铭．国内外城市治理模式与我国实践性选择［J］．广西经济管理干部学院学报，2006（18）．

市民和最具代表性的地方城市政府，并通过国际合作和伙伴制的方式，将城市治理的权力赋予地方当局、私营经济、合作经济、工会、非政府组织和社团组织等参与方，从而在住房、生活规划和治理等方面让它们发挥有效作用。城市政府应当创造条件，保障社会成员参与有关事务的权利，并鼓励多方参与决策。在这种模式下，城市公共领域与私人领域已经结成合作伙伴关系，非政府组织的参与活动增多，正逐步变成城市治理中不可或缺的重要组成部分。对于城市治理而言，埃兰德认为，权力的关键是主导和社会控制的问题，伙伴制的定义是“为重整一个特定区域而制定和监督一个共同的战略所结成的利益联盟”。

4. 基于新公共服务理论的治理模式

在罗伯特·B. 登哈特和珍妮·V. 登哈特看来，新公共管理把“三 E”作为自己的价值基础，无视了公共管理中人对公平的愿望和需求，公共行政不能承担捍卫民主与公平的政治责任，也无法实现道德标准的责任。他们认为，公共服务的对象重点是“公民”，而不仅是“顾客”。新公共服务理论的重点是公共管理者发挥重要作用的着力点，不在于掌舵而是服务，不在于掌控或驾驭社会，而是更好地帮助公民表达和实现其共同利益；公共利益是目标，是管理者和公民共同的利益和责任，它不是副产品，公务员的职责在于提供民主而不是提供服务；实现有效民主治理的“明智之举”和“正确之举”[①] 是公民参与、建立社会远景目标的过程，不能仅将民选政治领袖或被任命的公共行政官员作为唯一的接受委托者；只有通过集体的协商和共同努力，制定出符合公共需要的计划和政策，才能得到最负责任、最有效地执行。

基于新公共服务理论所形成的是公共服务型城市治理模式，其特点

① 珍妮特·V. 登哈特，罗伯特·B. 登哈特. 新公共服务［M］. 方兴，丁煌，译. 中国人民大学出版社，2016：184.

是：就共同价值观进行对话的结果被界定为公共利益；政府在城市治理中扮演的角色为公共利益协商平台的服务者，即对公民和社区团体之间的利益进行协商和协调，进而创建共同的价值观；实现政策目标的机制为：通过在公共机构、非营利机构和私人机构之间建立联盟，以满足彼此认同的需要；采取的组织结构为：在内部和外部都享有领导权的合作性结构。

（二）国内研究现状

西方发达国家在城市化的不同阶段所面临的城市治理问题，与中国所经历的问题有很多共性的问题。但是，由于各国城市化的独特性以及城市治理所面临的形势的复杂性，决定了中国的城市治理模式具有不同于西方的特性，我国学者也纷纷就此展开了研究。

自 2000 年以来，在西方治理思想的影响下，中国学者开始重视城市治理研究，国内早期学者主要介绍了西方城市治理研究及其成果。其中，顾朝林、陈振光等学者就城市治理的概念、产生的背景，以及城市治理的特征和模式进行了介绍，之后，学者们讨论了城市治理研究及其在中国应用中的几个问题。受到当时中国城市管理思想的影响，学者们将城市管理划分为不同的城市治理模式类型进行了讨论。近些年来，随着城市治理研究的逐渐深入，学者们不再局限于城市治理理念的探讨和国外治理实践的引入，研究范畴已逐渐扩展为对具体管理实践的分析。

我国学者在总结国际上流行的相关城市治理模式理论的基础上，拓宽和加深了对城市治理模式的理解，并在这一领域进行了深化和创新研究。国内研究城市治理模式的学者主要有于明捷、踪家峰、郭鸿懋、王佃利、饶会林、孙荣、徐红和冯云廷等。其中，于明捷经过研究和梳理，归纳出 20 余种城市治理模式，包括“企业家化城市治理模式”“公私共同治理模式”“新精英主义模式”“超多元化模式”“合作型治理模式”“发展型政府模式”“规制型政府治理模式”“新自由主义城市治理模式”“新管理主义城市治理模式”“国际大都市治理模式”，等等。

踪家峰和郭鸿懋等学者总结出的四种基本城市治理模式为[①]：国际化城市治理模式，企业化城市治理模式，城市经营模式和顾客导向模式。国际化城市治理模式主要表现在治理主体的多元化和国际化，城市运作规则的国际化和现代化，以及城市分工的国际化。企业化城市治理模式与 Pierre 提出的管理模式之间没有本质区别，两者都主张使用公司管理思想和方法来实现城市治理。顾客导向模式是西方国家政府改革运动的主要特征之一，这种模式要求市政府以城市顾客的需求为出发点。制定的所有城市治理政策和实施的相关措施，必须以顾客满意度为目标。城市经营模式类似于西方学者提出的促进增长模式，它们都要求市政府充分利用有形和无形资源，以促进城市经济的快速增长。区别在于城市经营不仅重视经济建设领域的经营，而且更加注重城市形象的设计与营销，在实践中，治理取决于具有经营意识的有魄力的城市领导层。

孙荣、徐红等学者提出了企业化城市治理模式和公私共同治理模式[②]，他们认为这两种多主体的模式应该是我国目前的主导治理模式，也就是说，多中心治理模式是未来中国城市治理发展的必然趋势。与踪家峰、顾培亮不同，他们基本上将企业化城市治理模式等同于城市经营模式，并认为政府企业化治理所采用的最典型的方法便是城市经营。因为企业化城市治理模式与城市经营模式本质上并没有太大的区别和差异，都强调引入竞争和吸引投资，并且都将城市经济作为城市治理的重点。

① 踪家峰，王志锋，郭鸿懋．论城市治理的模式［J］．上海社会科学院学术季刊，2002（2）：18-29.
② 孙荣，徐红，部珊珊．城市治理：中国的理解与实践［M］．上海：复旦大学出版社，2007：78-89.

“公私共同治理模式”是城市政府与其他利益主体共同参与的治理模式，该模式与西方学者埃兰德提出的城市伙伴治理模式如出一辙，基本特征也相似，即它们都强调城市政府、私营部门和非政府组织三方的合作治理，并强调多元化的治理主体。同时在一定程度上又认可精英模式的合理性，认为政商界进行合作治理的精英在某种程度上直接决定了城市治理的公共政策走向。

王佃利等学者主要基于政府职能转变的视角，对城市治理模式展开了研究[①]。他们认为，市场化与政府分权相结合产生的效用是改变城市治理模式的原动力，现代公共行政发展的趋势就是达到城市治理目标。因此，在相关理论发展中，政府的模式定位经历了官僚政府、企业化政府和服务型政府三个阶段。相应的城市治理模式也随之发生变化，从城市管制模式、城市经营模式转到城市治理模式。城市管制模式：也称传统官僚型模式，其特征在于集中的行政权力，分级的行政组织，专业化的行政职能和程式化的行政行为。它的大多数组织形式是由中央政府垂直控制的，组织的内部等级严格，同级的职能部门之间缺乏相互的接触与合作，相关的制度规定也变得越来越复杂。城市经营模式：使用市场导向的方法来改造城市公共物品，以达到增加其经济价值或提高自身活力的目的。从城市运营的具体内容来看，我国城市在实践中主要着眼于三个方面：① 采取各种措施，利用好现有的土地资产，防止土地的闲置和浪费，实现自然资本的增值；② 引入市场竞争的机制，通过优胜劣汰来实现公用事业的多元化经营；③ 做好城市软环境等延伸资本的开发，不断提高城市知名度，构筑特色文化，进而树立良好的城市形象[②]。

---

① 王佃利，任宇波．城市治理模式：类型与变迁分析［J］．中共浙江省委党校学报，2009（5）：55–62.
② 王佃利．经营城市的新理念及其风险回避［J］．中国行政管理，2003（2）：44–50.

城市多中心治理模式：服务型政府的主要作用是完善各项制度建设，使各主体的利益协商、利益表达、利益保障和利益分享等方面的相关制度更加健全，并通过努力培育社会组织，达到优质、均衡地提供公共服务的目标。

（三）国内外研究述评

从国内外关于城市治理模式的研究结果可以看出，每种模式都是基于对当前城市化问题所采取的应对措施。西方城市化普遍经历了商业化城市、工业化城市等阶段，目前正进入信息化城市阶段。由于每个阶段面临的问题不同，城市治理的重点领域也不停地发生转变，因此城市治理模式也形成了各自的特点。根据国内外学者的研究可知，当前的城市治理模式具有以下三点特色：

一是城市治理模式的文明导向性。现代意义的城市治理成型于工业化城市后期，快速城市化中不断涌现环境污染、人口过载、交通拥堵等各种影响城市文明发展的问题，以政府和市场为单一主体的治理模式在应对这些问题时不断出现的政府失灵和市场失灵等现象，迫使人们急于寻找解决问题的有效应对方法以维持城市的可持续发展。在这样的背景下，治理理论的出现引起了学者们极大的兴趣，而基于治理理论的研究产生的各种城市治理模式，都是以解决城市治理中出现的野蛮治理、不可持续发展等问题为目标的治理模式，因而追求社会文明、生态文明和环境文明等治理模式，成为旨在有效解决现代城市问题的新方向。

二是城市治理模式的历史阶段导向性。由于各个历史阶段的社会发展状况存在巨大的差异，因而不同时期对应的城市主要功能会发生变化，城市文明发展的程度不一样，人们追求的城市治理目标也不尽相同，导致城市治理模式在不同发展时期，经历了不同程度的转型，表现出较为明显的历史阶段导向性。

三是城市治理模式的地域导向性。由于不同地域的社会发展水平不均衡，即使处于同一个历史时期，各个地域的城市发展水平也呈现发达和落后等差距，加之各地域文化习俗的多样性，人们对城市治理的价值追求也是千差万别，因而植根于百姓日常生活的城市治理模式会出现明确的地域性导向，只有适应本地地域文化特点的城市治理模式才能得到有效的实施，从而引导城市治理取得满意效果。

综合分析国内外的研究成果，可以发现目前的城市治理模式还存在进一步研究发展的空间。

一是城市治理模式的被动性。由于城市治理模式都是源于对治理实践中出现的问题的回应，因而不可避免地表现出缺乏前瞻性和规划性的不足，是在被动地应对城市已经出现的治理问题而研究出的治理手段和措施基础上形成的模式。

二是城市治理结果的多变性。综合分析当前的研究成果可以发现，城市治理模式研究偏重于治理理念和治理理论的研究，对于治理实践的研究也在于各种治理手段措施的运用，很少提及指导城市治理实践的参照标准和操作规范，在没有统一的治理标准来规范治理活动实施的情况下，由于对治理模式的理解不同，加之各个地区的城市治理主体的治理能力也不同，因此在相同治理模式的指导下，城市治理的结果也是不稳定的，无法确保治理目标的有效达成。

三是城市治理模式的固化性。在长期探索不同历史阶段和不同地区出现的各种城市问题的基础上，逐渐形成了各种城市治理模式。每种模式对于适应的环境的治理效果显著，久而久之就会出现权威性固化现象，也就是说部分城市治理模式本身缺少自我否定、自我更新的能力，一旦现实情况发生转变，就会对更新治理模式产生阻碍。

基于以上分析，本书结合中国城市治理的实践，特别是通过对2005年以来近20年的全国文明城市创建实践的考察，发现中国的城市治理正在形成一种独特的治理模式，本书即将为大家呈现的就是这种独特的模式——中国特色城市“文明治理”模式。

第一章
中国城市化特性与城市治理困境探寻

人类文明发展的璀璨明珠——城市，见证着世界文明的发展进程，烙印着世界文明前进的足迹，更承载着世界文明创造的丰硕成果，探寻世界城市的起源、城市化的历史进程和当前面临的城市治理困境，将为我们开启一段有趣的研究历程。

第一节 世界城市发展视野下的中国城市化

一、世界城市的起源

何为城市？作为一个超越时空不断变化的存在，学者们从不同角度对城市这个概念做出了不同的界定。惠特利（Wheatley）从城市的社会、政治特点出发将城市定义为：一系列特定的功能整合的制度，用于策划相对平等的、归因的、结构类似的群体向社会分层的、政治上有组织的、基于区域的社会转化。

斯乔伯格（Sjoberg）从城市的物质形态和经济特征角度将城市定义为：城市是达到了一定的规模和人口密度的、聚集了各种非农产业从业者（包括文化精英）的聚居地。

维尔·戈登·柴尔德（V. Gordon Childe）则从城市文明的角度对

城市进行了界定，他使用城市文明来指代城市，认为文明和城市其实是一个意思，因为拉丁文中的 civitas（城市）就是文明（civilization）词源。城市（城市文明）的主要特征为：聚落的人口规模比以前有显著增加；形成以居住为市民权限定条件的基于职业专业分工的人口结构，因为职业专业分工意味着可以雇佣全职的行政人员和工匠；出现了公共资本，可以建设纪念性公共建筑和供养专职艺术家；出现了记录和精确科学；成为贸易路线网络建立和维护的一个基点。①

城市作为人类文明的承载体，现代社会经济发展的引擎，其关键作用和地位使之成为国家治理的关键节点和学者研究的热点。各个领域的学者对城市的起源纷纷展开研究，考古学家认为城市应该起源于农业剩余产品的出现，因为只有当固定的农业剩余产品足够供应定居人口时，城市的发展才有了前提条件。水文学家则认为受水文条件影响，农业灌溉等技术需求促进了劳动分工，社会协作等需求促进了城市的出现。经济学家则认为城市的出现主要源于贸易的需要，因为许多城市都是围绕市场发展起来的。社会学家认为宗教和人口压力等因素促使了城市的出现，因为宗教精英通过经济和政治权力，影响了促使城市起源发展的社会变化，而人口增长的压力逼迫一部分农业人口迁移到农业发展条件相对较差的地区，从事非农业生产也可能有助于城市聚落的形成。也有学者认为城市的出现是因为人们需要聚集在一起寻求安全的保障，因此防御是城市出现的原因。

由于五大文明发源地的地理环境等各种条件的差异，促使城市起源的因素也各不相同，因此形成的城市风貌各异。但作为区别于乡村的一种客观形态，在多种因素的共同作用下，起源不同的城市都形成了不同

① 保罗·诺克斯，琳达·迈克卡西．城市化［M］．顾朝林，等，译．北京：科学出版社，2009（1）：23.

于乡村的特点。城市在人口结构上是以劳动分工为基础形成的非亲缘关系居民为主，在人口规模上则远远大于以亲缘关系聚居为主的乡村；在产业构成方面，城市中主要从事的是非农业活动；在基础公共设施方面，城市的文化设施和各种基础设施相对于乡村都较为完善；在功能上，城市通常是政治、经济和文化的中心，也是政府行政管理网络的连结点和中心。

综上所述可知，城市是起源于农业剩余产品、水文因素、贸易需求、防御需求、宗教缘由和人口压力等因素的不同于乡村的客观存在。城市中主要从事的是非农业产业，其人口结构以非亲属居民为主。人口规模比农村人口大得多，它是一个政治、经济和文化中心，配备了相对完善的公共基础设施。它具有特定的社交沟通方法、生活的态度、行为方式、生活方式和价值观。

二、城市化的演进

城市化是与城市息息相关的概念。人口统计学家从人口的角度将城市化定义为农村人口逐渐转变为城市人口的现象；经济学家从经济要素的角度将城市化定义为各种非农业经济要素向城市集聚的过程；地理学家从地域特点的角度将城市化定义为居民聚落和经济布局的空间区位再分布，并且这种再分布呈现出越来越集中的过程；社会学家从民生角度出发将城市化定义为城市生活方式的蔓延和发展过程。王佃利等学者将城市化定义归纳为是农村人口和非农活动在不同规模的城市环境中的地理集中过程和城市价值观、城市生活方式在农村的地理扩散过程。[①]

概括而言，城市化应包含物质和精神两个层面的内涵：① 物质内

① 王佃利，等. 城市管理学［M］. 北京：首都经济贸易大学出版社，2007：40.

涵指城市形态在空间中蔓延，即人口增长、物质基础和建筑形态等方面的城市化，主要体现在人口的大量集中、空间形态的变化以及社会经济结构的改变等方面；② 精神内涵指在城市空间领域内逐步形成的社会交流方式、行为方式、生活态度、价值观念和生活方式及其转变，以及在这些因素共同作用下居民素质和生活水平的潜在变化。[1]

城市在局部空间领域记录着人类文明发展的历程，彰显着文明发展的成果，城市化的进程和强度则在宏观社会领域体现一国或地区的文明发展水平，彰显着综合国力。一方面，城市化从动态上反映了城市在地理图表中数量和规模的扩张，体现了一国物质文明发展的水平；另一方面，城市化对城市空间领域内社会交流方式、行为方式、生活方式和价值观念等方面的改变，则体现了精神文明建设的成果。

打开世界视野观察城市化的进程，从大体而言，城市化经历了早期商业城市化时期、工业城市化时期、城市化衰退时期和城市化复兴时期四个阶段。

第一阶段，早期商业城市化时期。在长途贸易的推动下，古希腊开始了沿海岸线的城市化，并开创了民主参与式的政府形式。马其顿人在公元前 338 年征服古希腊，开创了海外殖民主义式的“城市批量生产”的城市化道路。从公元前 1 世纪到公元 2 世纪，不断壮大的罗马帝国取代了古希腊文明，并在整个欧洲建立了城市，为建立西欧城市体系奠定了基础。在这个时期商业和政治原因共同推动了城市化的进程。这个城市化进程在古罗马帝国崩溃后进入一段停滞衰亡的黑暗时期，不稳定的政治局势切断了长途贸易这个城市化命脉，出现了孤立、破碎、人口减少的中心城市。不依赖贸易的教会或高等教育中心、防御要塞及行政中

---

① 保罗·诺克斯，琳达·迈克卡西．城市化［M］．顾朝林，等，译．北京：科学出版社，2009：694.

心成为得以幸存的城市化区域，并在中世纪成为城市复兴的基础。14 世纪至 18 世纪，整个世界经济发生了根本改变，文艺复兴时期的新教改革和科学革命刺激了经济和社会重组，商业资本主义的规模和成熟度都提高了，随着贸易扩张的城市化表现为联系各个国家和地区的全世界门户城市的建立。政治权利的集中化和民族化国家的形成，促进了更加完整的城市体系的发展演化。[1]

第二阶段，工业城市化时期。工业城市化的序幕是随着英国 15 世纪的圈地运动拉开的。圈地运动虽然促进了城市化的迅速发展，但其代价是牺牲农民的利益。到 19 世纪上半叶，英格兰的圈地已达到其国土总面积的 20%，伴随着小农土地占有制的消失，大量失地农民加速了人口迁移的进程。工业革命对商品的制造方式、制造地点带来的变化，成为城市化的催化剂，城市聚落围绕着新的工厂生长起来。工业化改变了城市的面貌、内部结构和功能，带来了中央商务区的开发，催生了大量的新城市类型，促进了城市化的快速发展。欧洲和北美核心经济的工业化对边缘地区的剥削则对世界边缘地区的城市化模式和进程产生了重大影响。

第三阶段，城市化衰退时期。20 世纪上半叶，城市增长达到一定程度后产生了土地成本提升、交通堵塞、环境污染、犯罪增加等“集聚不经济”现象，面对新工业创新的竞争，核心城市的“老”工业，出现了投资缩减等“去工业化”现象。随着取代蒸汽机的内燃机的大批量生产，汽车开始参与运输体系的竞争，进一步推动了郊区化时代的到来，导致了煤矿等能源城镇、铁路中心城市以及许多小城镇的发展停滞或衰退。

---

① 保罗·诺克斯，琳达·迈克卡西．城市化［M］．顾朝林，等，译．北京：科学出版社，2009（1）：112-127.

第四阶段，城市化复兴时期。自20世纪70年代开始，新技术推动了新福特主义时期美国和西欧的经济重组。生产过程技术、流通技术（通信卫星、微波通信及电子邮件等）和交易技术（基于计算机技术的实时库存控制系统的大型库存储备控制技术）这三项新技术的运用，使得大企业可以充分利用区位和组织方式上的弹性，空间障碍的减少放大了各地土地和劳动力市场的细小差别。大都市之间的新型劳动分工体现为专业性服务和商业化服务的区位差别，中等规模的大都市就业岗位重新出现增长，"信息化"带来的新的城市化发展模式替代了原有的工业化发展模式，并促进了城市的复兴。新技术的"时空压缩"作用，使许多大都市的中心城市纳入跨国空间流之中，城市之间空间距离的重要性被弱化。在逆城市化和反城市化发展阶段之后，出现了通过再城市化实现城市复兴的趋势。

三、中国城市化的兴起

作为一个文明古国，中国的"城市"起源较早，但在最初的中国文字记录中，"城"和"市"却不是一个概念，而是两个不同的领域。

《墨子·七患》中写道："城者，所以自守也。"在这里，"城"指用围墙圈起来的防御体。正如坚持城市起源于防卫需要的理论家马克斯·韦伯所论述的，城市起源是因为需要人们聚集在安全的军事防御设施中得到保护。中国最初的"城市"曾被用来防御野兽的入侵，后来，它被封建领主变成了保护王权并防御所有敌人入侵的城郭。"市"则完全是指货物交易的地方，《周易·系辞》中描写："日中为市，致天下之民，聚天下之货，交易而退，各得其所。"在这里"市"不是一个固定的地理概念，而是一个动态的人口临时聚集的地方，人们为了贸易的需要才聚合到"市"里，交易结束各自离开。

随着农业剩余产品越来越丰富，人们对贸易的需要越来越多，为了交易的方便，很多的“市”就逐步移入人口居住集中的“城”里或周围。这样，中国最早的“城”与“市”逐渐融合为一体，形成了具有现代意义的“城市”。但中国的“城市”概念却常常被“城镇”所取代。起先“市”与“镇”之间有严格的区别，“市”是商贾们进行贸易的地方，而“镇”则是一种行政设置，主要是用来防御和驻军。近现代，“镇”成为一级行政单元，成为联系城乡的纽带，随着中国城市化的发展，当前的“城镇”与“城市”内涵基本相同，区别在于行政建制不同，国家批准建立城市的城镇称为“城市”，无条件设立城市的城镇称为“城镇”。

综上所述可知，中国的城市主要起源于防御的需要和贸易的需要，这也为中国城市的发展打下了基调。纵观历史，可以看到中国的历史名城不是用来防御的军事重镇和用来保护王权的都城，就是丝绸之路或港口沿线的贸易古城。因此，中国古代城市的发展主要受封建王权和商品贸易两个主要因素影响。在封建王权兴盛时期，中国的农业剩余产品丰富，贸易的需求量大增，相对城市中可以聚集的非农业人口就多，城市的规模和数量相对增加。强有力的王权统治者为了更好地保护自己的领地，就会在边疆地区大量建设用以防御的军事小镇，这两个因素互相影响、合理推动着城市或城镇的发展。而在封建王权衰落时期，农业剩余产品减少，城市非农业人口能获得的补给不足，人口数量锐减，贸易的需求减弱，城市规模缩小。边疆小镇因为战争等因素破坏严重，整个城市发展就会陷于倒退的局面。

由于中国社会长期处于封建统治之下，工业的缓慢发展导致中国成为城市文明起源最早的国家，却是现代城市化发展相对较晚的国家。在封建王权的统治下，随着封建王朝的兴衰，中国古代城市发展经历了形成、发展、繁荣到停滞的四个阶段。新中国成立之前，我国城市的发展大体经历了五个时期。

第一个是古代城市的初期发展时期。我国早期城市起源于从原始社会晚期到奴隶社会的过渡阶段，发端于三皇五帝，在夏朝初具规模，并成型于商代末期。中国早期的城市发展，主要基于王权的统治，形成了城市管理中以政治为中心、注重等级规模关系发展的特点。在战国时期，中国城市已成为具有双重功能的空间，成为统治中心和经济中心，城市管理也初具雏形。

第二个是古代城市体系形成时期，主要处于秦汉时期。此时国家形成并稳固下来，有了统一的中央集权，我国城市进入较快的发展时期，城市数量增加，行政性城市发展迅速，开始形成自上而下的分等级城市体系。在城市建设方面，都城规模宏大，城中居民区开始按照闾里建制，并形成了最初的城市经济区。

第三个是古代城市繁荣时期。魏晋至隋唐是我国历史上经分裂到大一统的封建帝国形成时期，在这个漫长的时期里，中国的城市总体格局已基本形成，城市管理也在承继中发生变革。城市的发展呈现出“南升北降”的大趋势，分布中心逐步从黄河流域向长江流域转移。城市规模上大小差距加大，部分首位城市（都城）拥有百万以上的人口，成为当时世界上最大的城市。与行政区划并行的三级城市行政等级体系趋于稳定，封闭的传统坊市制度被开放性的城市内部空间所取代。

第四个是古代城市发展停滞时期。从元代开始到建国前期，封建社会一直在走下坡路。王权的衰落使得被王权控制的城市的发展也停滞不前，特别是海禁等政策的实施，严重阻碍了港口城市的发展。虽然城市的数量和类型增多了，在地域空间结构中表现为江南市镇蓬勃发展，以省会为中心的省级城市体系初具规模，但沿海大中型港口城市的发展却陷入停滞不前的状态。

第五个是近代殖民半殖民城市时期。在此期间，由于帝国主义势力的入侵，中国沦为半殖民地半封建社会，传统的城市发展模式也发生了变化。工业新技术和大机器生产的推进，使中国城市化步入了工业化道路，中国的社会制度也在帝国主义的铁蹄下发生了根本性的转变。中国出现了一批直接受列强控制的殖民城市和一批被迫划出的租界城市，以及被迫开放的口岸城市等半殖民城市。殖民、半殖民城市的开放，虽然促进了城市的发展，但列强通过这些城市对中国资源的掠夺，使得城市发展走向畸形，城市成为在经济上剥削农村，在政治上统治农村的机器，城市规模大小两极分化加剧，沿海和内陆城市发展的不平衡形成了严重的地域差别，自清朝末期中国的城市就这样在各种内忧外患的困扰中走向了现代。①

第二节　中国城市化的独特历史背景与特征

纵观历史，我们可以看到中国是世界文明的发源地，也是世界上最早出现城市的国家之一。与其他文明的发源地不同，中国的文明在几千年中没有被中断，是当前世间仅存的文明古国。几千年的发展，给中国留下了优秀的传统文化，创造了璀璨的文明成果。也正因为长期的封建统治，使得中国的城市化进程被拖延至近现代才开启。与国外城市化相比，中国的城市化既有宏观历史维度的共性，也形成了微观现实维度自己独有的特征。

---

① 王佃利，曹现强．城市管理学［M］．北京：首都经济贸易大学出版社，2007：70-81.

一、中国城市化的独特历史背景

中央集权是中国封建社会的政治组织形式，捍卫封建专制统治是中央与地方关系的首要目标。在这样的前置目标设定下，形成了等级森严的城市体系，城市的主要功能侧重于防御和地方管制，“城”变成封建统治的工具，以保卫封建专制为主要功能的城市形成了独特的中国城市化历史前提，其独特性体现在以下几个方面。

（1）在城市结构方面，城市人口组成和城市建制都存在严格的等级区分。中国古代城市化发展的首要因素是统治者的意志和国家政权的更替，城市经济的发展是为统治阶级服务的，城市居民有很明确的等级划分，在享受城市管理权力和履行城市各项义务方面存在巨大差异。少数高层的王公贵族控制着政治权力，主导着城市的管理，在衣食住行上与普通居民有着严格的区分。而普通居民对城市的管理没有任何发言权，纯粹是以一个依附者的身份在城市中贡献自己的劳动力，他们不关心城市的发展也无权参与城市的管理，因此城市对普通居民而言仅仅是一个居住地，人际交往也仅限于邻里和家族等关系相近的范围，也就是说，在古代城市化的进程中从来就没有为市民社会的形成提供人员素质和社会环境基础。

（2）在城市经济发展方面，主要局限于消费等流通领域，没有稳定的经济基础。从士农工商这样的社会地位等级价值划分可以看出，中国古代城市并不重视经济发展。古代城市中从事贸易的商人和以小作坊形式从事生产的工匠都处于社会的底层，这样的地位设置决定经济发展无法吸引社会精英，想要取得较大的发展特别困难，城市中主要的经济来源是对农村的剥削，掌控着城市管理权的王公贵族以剥削者身份居住在城市中，封建集权统治，决定中国古代城市经济只能严重依赖于农村，形成农村为生产型经济体，而城市是消费型经济体的独特的二元社会结构。

（3）在城市文化发展方面，主流文化服务于封建统治。在中国的古代城市里，文化教育和文化发展的目标是巩固封建统治，正如古语所云“学成文武艺，货与帝王家”。文化教育是为封建统治阶级选拔统治人才的，家国天下、天地君亲师等文化传统和宗法制度成为禁锢城市居民思想的工具，成为驱使普通居民遵循封建统治的有力武器。城市文化培养的是普通居民对统治者的追随，抑制的是居民参与城市管理的民主意识。

（4）在城市地理分布方面，呈现出地域发展的严重失衡状态。中国古代的政治制度，确保了封建统治者对城市发展的主导，并形成了严格的城市等级制度体系。古代城市的兴盛和衰亡主要取决于封建统治者意志，为的是满足他们的需求，都城作为国家政治的中心，无论是城市的规模，还是经济的发展都是全国最快的，而地方城市的发展则表现为参差不齐、兴衰不定。到清朝末期，中国的城市经济在帝国主义的铁蹄下被迫走向现代工业化，被迫开放的通商口岸和租界变成殖民者掠夺中国资源的基地，城市发展走向畸形，成为在政治上统治农村，在经济上剥削农村的机器。城市规模的发展呈现出两极分化的趋势，大、中、小城市发展不均衡，沿海和内陆城市发展不平衡，城市在空间分布上的不合理，造成了严重的地域差异。

二、中国城市化特征

中国城市经历了3 000多年的发展历史，在传统文化、社会结构和政治因素等的共同作用下发展和演变，基于独特的历史发展背景，呈现出与其他国家有所不同的演变特征。

（一）建立在薄弱经济基础上的城市化

伴随着18世纪的工业革命，西方国家的城市化发展迅速。中国的城市化进程，直到19世纪鸦片战争后才慢慢开启。长期的封建统治和以政治功能为首位的城市发展目标，造成中国城市化在几千年的时间里没有取得太大的进展。严格的封建等级制度，形成了古代都城和普通城市两极分化的发展模式。作为政治中心的都城集中了全国的人、财、物等资源，以无与伦比的优势不断强化发展，形成了人口超百万的特大城市。城市的规模不断扩张，城市的经济、文化繁荣，使得都城在早期成为世界上最发达的城市。而都城以外的城市则发展缓慢、参差不齐，纵观中国古代中小城市的发展，城市的数量、规模和经济发展水平都是变化不定的，城市数目没有持续的增长，城市的规模大小也是随机地发生变化。因此，城市化进程基本是停滞不前，或者说没有形成现代意义上的经济功能强大的城市化。直到19世纪鸦片战争爆发，中国的城市发展才出现变化。在帝国主义掠夺中国资源的需求下，近现代性质的工商业城市开始出现，打破封建统治又陷入殖民半殖民统治的中国城市被动地开启了城市化的进程，城市的经济基础极为薄弱，与经历过漫长的工业革命洗礼的西方国家的城市化相比，我国城市化的起步是建立在经济、社会发展均十分落后的薄弱基础之上的，这也就为后期中国改革开放后在高度的时空压缩基础上的快速城市化埋下了伏笔。

（二）行政主导型的城市化

与发达国家以市场为主导的城市化相比，中国的城市化特点历来由行政所主导。新中国成立前形成的中央集权制，形成了中国特有的传统文化、生活方式和社会习俗，缺乏市民精神培育的社会基础和薄弱的国家经济现实，决定中国的城市化需要政府的行政主导。中央政府通过制定城市建设目标、确立城市建设指导思想等措施建立起强制性的制度安排，自上而下地控制城市化进程。行政主导型城市化的主要特点是：政府控制城市化和城市战略规划；城市化与城市建设的投资以政府为主体；城市化的人口发展模式由政府规划；政府掌握城市的土地，行政主导型的城市化有着强大的权力优势，同时也具有典型的行政命令的弱点。

政府主导城市化的劣势在于：在民主政治没有得到有效执行的情况下，很可能因政策偏向性而出现不可持续性城市化问题。例如，在计划经济时代，政府实行的是唯一主体的自上而下的城市管理模式，行政规划影响着城市化的发展。在急于改善经济落后状况的现实压力下，国家实施优先发展重工业战略，城市人口服务于工业需求。消费品和粮食供应实行配给制，为控制城市人口规模，制定严格的城乡户籍分离制度，形成以工业发展为重点，忽视人民生活水平提高的城市化道路。

政府主导城市化的优势在于：一旦政治民主化得到有效执行，政府的稳定性和权威性就能提高城市发展长期规划的可实现性，政府可以集中优势资源有效推动城市发展政策的实行，并可以将局部地区城市治理的优秀成果尽快推广到全国各个城市。例如改革开放后，市场化改革引入了市场机制参与主导城市化进程，形成了以政府为主导的多元参与的城市化发展机制。政府开始注意到在城市化初期出现的问题，并通过不断调整国家战略来优化我国的城市化进程。1980 年，国务院制定出“控制大城市规模、合理发展中等城市、积极发展小城市”的方针；1990 年的《城市规划法》调整为“严格控制大城市规模，合理发展中等城市和小城市”；2000 年中共中央指出“大中小城市和小城镇协调发展的道路，将成为中国推进现代化进程中的一个新的动力源”；2002 年，党的十六大报告中提出：“全面繁荣农村经济，加快城镇化进程”“要逐步提高城镇化水平，坚持大中小城市和小城镇协调发展，走中国特色城镇化道路”。2007 年，党的十七大报告中进一步强调：“走中国特色城镇化道路”“按照统筹城乡、布局合理、节约土地、功能完善、以大带小的原则”“促进大中小城市和小城镇协调发展”。党的十八届三中全会提出：“完善城镇化健康发展体制机制，坚持走中国特色新型城镇化道路，推进以人为核心的城镇化，推动大中小城市和小城镇协调发展”。这些指导方针在改善城市化不良后果的基础上，有效地促进了我国城市化的良性发展。

（三）不平衡的城市化

中国城市化的一个显著特点就是不平衡的发展。无论在历史的时空维度，还是在现实的地域维度都表现出不平衡的发展态势，可以归纳为以下几个方面。

1. 工业化领先于人口城镇化的城市化

城市化水平最常用的衡量指标是城市人口在总人口中的占比，即人口城镇化率。在世界的城市化发展进程中，大部分国家的城市化水平都高于工业化水平的，而我国的情况却恰恰相反。据世界银行统计，2001 年世界的城市化水平为 47.7%，发达国家的城市化水平为 75.5%，发展中国家的城市化水平为 40.9% ，最不发达国家的城市化水平为 26.2%，而中国的城市化水平为 36.7%。与世界平均城市化水平相比，中国的城市化率低了 11 个百分点。据统计，从 1965 年至 2000 年，中国的工业化水平提升幅度是中等收入国家的 2.5 倍，而城市化水平提升幅度仅达到这些国家的 46%，2000 年城市化水平仍落后于工业化水平 14.3 个百分点。[①]2009 年以前，我国的工业化率一直高于城市化率，1978 年相

① 陈角军，景普秋．中国新型城市化道路的理论及发展目标预测［J］．经济学动态，2008（9）：5-16.

差近 30 个百分点。[①] 由此可见，中国城市化水平长期严重滞后于工业化水平。

工业化水平快于人口城市化水平表明，我国将城市视为经济发展的引擎，而城市人口则成为服务于工业发展的劳力。与工业化的发展相比，有利于提高和改善人民生活水平的城市基础设施建设却一直被忽视。相比较而言，德国等西方国家在城市化初期就十分重视城市基础设施建设，更重视便利的人性化设计。例如，德国的地铁建设已有上百年的历史。为了方便乘客上下车，列车都被设计为低重心轿厢，每个地铁站都配备了滚动电梯和升降机，以方便有步行困难的人们出行，这些周到细致的设计无处不显示人性化的设计理念。

2. 城乡二元分离的城市化

中国是农业人口大国，农业人口数量庞大，但在城市化发展过程中，城乡发展却严重不平衡，出现明显的二元结构。改革开放前，在计划经济体制下，政府严格控制着城市的发展。人口在国家政策的强制引导下，有计划地向农村或城市流动，只重视工业发展而忽视改善人的生活需求的城市化道路，造成城市配套设施建设落后的局面，公共基础设施的不足以及城市薄弱的经济基础，限制了城市人口的增长，城乡经济发展出现“剪刀差”的不平衡趋势，农业发展为支持城市工业发展做出了巨大的牺牲。而户籍制度的严格区分更进一步加剧了城乡隔离，使我国城乡形成了典型的“二元社会”。

相对于中国城乡分离的社会发展状况，德国一直致力于为城乡居民创造平等的生活条件，实现不论城乡地区的社会保障，基础设施建设全面覆盖城乡，并大力推动乡村城市化的发展，使农村居民能够享受到与

① 连倩倩，安乾．中国城市化的历史进程及特征分析［J］．当代经济，2018（15）：59-73.

城市相同的医疗和教育待遇，遍布四面八方的交通网络的建设，也将城市与乡村连接在一起。在政府的努力下，农民不再是贫穷和落后的代名词，而是成为城市的重要组成部分。日本则通过统筹城乡发展，提升城市承载力，日本在城市化进程中始终高度关注农村发展，认为城市化发展必须以农村发展为依托。在农村建设方面出台大量法律法规，遍布于土地改革、基础设施、农业振兴、农村教育培训、财政保障、社会保障等诸多方面。

3. 城市规模和地域差距明显的城市化

受不同时期城市发展战略的影响，基于发展侧重点的差异，我国的城市发展规模和地域分布都出现不平衡的现象。首先，是大中小城市发展不平衡。在长期的封建统治影响下，中国的城市体系传承性地具有严格的等级制度。改革开放前，一方面是原有的基础较好的城市规模不断扩大，大中城市数量持续增长。据统计，到 2015 年，中国人口超百万的特大城市已达 71 个。另一方面，则是基础较弱城市发展的停滞不前。由于城乡分离，商品经济在计划经济体制下萎缩。小城市和小城镇的发展落后，在马太效应的影响下，形成了国内大、中、小城市发展水平严重失衡的局面。其次，表现为城市地区布局的不均衡。由于历史传承、经济基础、自然资源以及人口和社会等因素的影响，城市的空间分布呈现出区域不平衡的发展状态。在中国的城市化进程中，一段时期的三线城市建设大力促进了中西部城市的发展，对我国城市的空间布局产生了重大影响。1978 年后，随着改革的推进，经济发展成为国家发展的重点，体现在相应的城市发展战略中就是实施了梯度开发的政策，即先一步开放沿海，继而振兴东北地区和鼓励中部崛起，然后开发西部地区的发展政策，这一战略对城市的区域分布产生了前所未有的影响。具体表现为东部沿海地区的城市数量呈几何级增加，城市规模无限放大，在聚集效应的作用下，逐渐形成了长江三角洲城市群、珠江三角洲城市群和环渤海地区城市群，加剧了区域之间城市发展的不均衡。

与中国的状况相对比，德国等发达国家的城市空间布局和城市规模都呈现出发展较均衡的形态。德国在城市化发展过程中，特别提倡以发展中小城市为主的政策。在这样的政策引导下，德国形成了城市均衡发展的状态。在城市规模上，德国虽有 2 000 多个大小城市，但人口超过 100 万的特大城市却极为罕见。在人口分布上，人口很少集中在大城市，大部分人口都定居在中小城市，人口城市化率很高。相对而言，日本的城市发展均衡性弱一些，形成了东京、名古屋和大阪三大都市圈，城市的聚集程度很高，但日本的中小城市也居住了一半人口，证明日本走的也是大、中、小城镇均衡发展的道路。

4. 缺少可持续性战略规划的城市化

中国在城市化过程中，长期处于缺少长远规划和法制保障的状态，使得政府角色与市场规律的界限模糊不清，常常出现行政越界干预经济发展，无视城市发展长远规划，只求短期利益的城市治理局面。地方政府为了发展经济，迅速体现政绩，一方面盲目模仿发达城市的地标性建筑设计，无视城市历史文脉的传承、历史文化遗产和历史建筑的保护，破坏了城市的地域特色、民族特色和时代特征。保留城市特有“基因”的原生建筑被拆除，使得城市发展在盲目追求现代化的观念指引下，展开“同质复制”建设，最终形成千城一面的“去文化底蕴”现象。在这样的城市化推进过程中，随着现代化的产业转型升级，不同区域的城市发展难免会呈现出完全一致的形态，对通过多样化建设来不断丰富城市文化的可持续发展，将构成严重危害。另一方面，盲目发展工业，忽视了城市化过程中的环境问题和城市基础设施的建设，对于影响城市可持续发展的城市交通和其他地面设施建设，以及污水处理等地下设施建设，都没有进行合理的长期规划。以至于出现城市布局与产业布局不协调、城市公共资源分配不均衡、城市交通道路拥堵严重、城市环境污染严重等一系列不可持续性发展问题，形成了城市化水平持续上升，但人民的生活质量却不断下降的矛盾状态。

在对城市化发展所制定的规划设计方面，发达国家相对做得比较好。例如，日本政府及时出台了有关土地、城市发展和产业政策的相关规划和立法保障。用比较健全的法律制度来确保城市化进程的顺利进行。在一百多年中，日本相继制定和修订了许多与城市化发展和建设有关的法律、法规。诸如 1950 年和 1953 年，分别颁布了《综合土地开发法》和《特定地区综合发展计划》。而美国采取的则是因地制宜的城市发展规划。许多城市根据自身的历史演变、资源特征和环境条件来制定符合实际情况的城市规划。在合理规划的影响下，美国不同城市或城市群表现出主导产业突出和定位明确的特征。例如，纽约是著名的商业、金融、文化娱乐和出版中心，西雅图是港口城市，物流和贸易相对发达，也是微软总部所在地，电子信息产业发展强劲。

第三节　中国城市治理面临的困境

中国相对独特的城市化进程创造了独特的城市文明，同时也带来了各种城市问题，阻碍了城市的健康发展，使中国城市治理面临各种困境和挑战。

一、城市规划非理性困境

中国早期迫于严峻的经济形势而被动采取的重工业优先发展战略，

形成了以重工业基地发展带动的城市化发展道路，这是在一种经济增长至上理念引导下相对野蛮的城市化。这种非理性城市化主要体现在两个方面：一方面，由于在进行城市规划、建设时缺乏科学发展的引导，出现城市地下排污等设施建设滞后、形象工程过多、工业城市污染物排放剧增、突发性污染事件造成城市安全问题越来越多、水质性缺水[①]越来越严重等各种城市治理困境。另一方面，由于缺乏总体的城市规划，在没有高于所有城市政府管辖权之上的全国统一性权威的情况下，每个城市政府通常都将管辖范围内的利益视为自身的最大利益，而跨区域政府间合作带来的利益则被视为次要利益。因此，囿于行政区划的制约，“空间边界排斥”造成城市政府“集体行动的困境”，导致在面对诸如市场一体化、大气治理、传染病防治、“断头路”贯通和跨域警务合作等问题时，出现城市政府无能为力或不作为的治理乱象。同时，由于地方特色规划缺失，城市建设存在忽视地方特色的“去文化底蕴”问题，出现全国各地城市面貌基本雷同，城市文化脉络断裂，城市自然遗产、文化遗产毁坏严重，大量的承载着地方风俗特色的古建筑被拆除等令人惋惜的现象。而且，在条块分割的管理结构影响下，由于缺乏权威的统筹，“信息孤岛”和职能分工强化了组织间的隔离，降低他们相互之间的协调度和整合性，甚至对于相关区域公共事务的同一信息，不同政府机构也有着不同的认识和理解，“治理碎片化”的现象依然存在。[②]

在当今的经济全球化进程中，城市已经变成一个需要随时与外界进行物质、能源和信息交换的开放的系统。缺乏全局性规划的封闭、独立

① 水质性缺水是大量排放的废污水造成淡水资源受污染而短缺的现象。水质性缺水往往发生在丰水区，是沿海经济发达地区共同面临的难题。

② 陈亮．城市群区域治理的“边界排斥”困境及跨界联动机制研究［J］．内蒙古社会科学（汉文版），2019（1）：54-67.

的城市发展思路会形成各种城市治理困境。因为城市与其周边地区需要通过相互的能量和信息辐射来形成双向影响，从而为开展各种专业合作和经济技术合作提供便利。这就意味着在进行城市规划时，需要将城市的发展融入周边地区，作为一个整体进行综合性考虑，以便为相互间的协调与合作打通渠道。但在现实中，由于中国存在城市地域的行政区划，城市政府高端化发展的行政偏好，以及城市建设目标的同一性，使得地方政府在对城市发展方面进行决策选择时，只将规划范围限制于本地的行政区划内，在相对封闭、独立的城市发展思路影响下，形成缺乏全局性考量的非理性规划，导致在城市空间的成长方向方面，在需要统筹考虑的资源调配方面，都呈现出与周围城市链接考虑不足的缺点。这种局限于地方的不开放的发展思路和不合理规划，将极大地影响城市的交通、污染控制和各种资源的流动，形成各种治理困境，不仅会增加城市治理成本，而且会抑制城市创新能力，使城市治理处于被动的局面，限制城市的可持续发展。[1]

二、城市治理理念和治理模式更新困境

计划经济体制下，政府职能主要体现在统治和管理上，由于法律法规的不够健全，使得政府行为具有更多的人治特征。城市治理中传统的管理理念和模式形成的官本位思想惯性，在没有法制化的制度安排进行突破的前提下，将会阻碍城市治理理念和治理模式的更新。改革开放以来，面对政府管理职能过于宽泛，机构过于庞大和权威，基层活力明显缺乏的局面，中国政府提出进行职能转变以提高治理效能的目标，由统治到治理的根本理念的改变，使政府从传统的“以物为本”的管理型

① 刘志平．城市化进程中我国城市治理的困境与对策探讨［J］．福建广播电视大学学报，2014（2）：54-69.

政府转变为“以人为本”的服务型政府，并通过倡导和采纳“有限型政府”的治理模式，以减少政府对经济领域的微观干预，形成“小政府大社会”的城市治理局面。这意味着要缩小行政权力边界，政府必须从某些领域里撤出。在实施中这个转变过程却面临着重重障碍，一方面由于政府在传统的城市化进程中长期处于支配地位，加之在城市治理过程中凝固的长期管理者角色定位，形成了官本位的思想惯性。统治和管理的理念使得部分城市政府在城市治理实践中仍然坚持单一的主体管理，习惯于运用行政权威来制定并执行各种城市管理制度，认为行政权力在城市治理中是特别有效的管理手段。在这样的惯性理念影响下，要将单一主体的城市管理模式更新为多元主体参与的城市治理模式，将遭遇非常大的阻力，进而形成城市治理模式难以更新的困境。另一方面是政府职能转变“这一过程不是单纯减少职能的过程，同时还很可能减少政府相应的客观或隐含利益”①。如果在地方政府和经济体之间存在利益关联，就会使得政府更难以于短期内放弃在城市治理中的管理权和主导权，近年来由于地方利益的推动而出现的土地城市化就是一个典型的案例。国家于 1994 年进行了分税制改革，又于 2002 年颁布了完善国有土地有偿出让制度的文件《招标拍卖挂牌出让国有土地使用权规定》，这些政策和法规出台后，地方政府拥有了土地出让的全部收入②。由此形成的土地财政成为地方政府筹集发展性支出、弥补财政缺口的出路，这使地方政府更加热衷于干预地方经济发展，难以在城市治理过程中轻易放弃相关领域的主导权，因此出现“政府职能转变不到位，对微观经济运行干预过多”“对行政权力的监督制约机制不完善，滥用职权、以权谋私、贪

① 诸大建．管理城市发展：探讨可持续发展的城市管理模式［M］．上海：同济大学出版社，2004：41.

② 冯严超，王晓红．土地财政、金融发展与城市扩张［J］．贵州财经大学学报，2019（1）：25-36.

污腐败等现象仍然存在”[①]等政府管理体制改革不到位的情况，阻碍着城市治理理念和治理模式的更新，形成了城市治理困境。

三、城市规模无限扩张和环境恶化困境

由于中国早期的城市化发展动力主要来源于重工业，服务业等第三产业发展相对滞后，重工业优先发展背景下形成的重建设轻治理的城市发展理念为环境恶化埋下了伏笔。市场经济体制建立后，在资本逻辑的驱动下，“马太效应”式的资源汇集导致中国的城市化发展出现以大城市规模的无限制扩张、小城市规模停滞不前为特征的不平衡发展局面。大城市摊大饼式的扩张需要将大量的土地资源投入于城市建设，使得城市得以大规模改造，推进了住房和基础设施的完善。然而，这种粗放式的城市规模无限扩张，却导致了严重的环境污染和土地资源的紧张，尤其是在中国城市化加速发展状态下，相关问题将变得日益严峻。一方面，城市化改变了土地利用方向，形成自然环境恶化问题。城市建设的推进使自然环境的范围变得越来越小，并可能会制造出各种污染物来对自然生态进行破坏。如果不对城市污染展开有效的治理和限制，将会导致城市居民区周边生态环境的不断恶化，进而阻碍城市的可持续发展。另一方面，是城市的建设和生产活动所带来的环境污染问题。在城市扩张的过程中会产生各种类型的环境污染。例如，机械操作、城市交通、娱乐活动和建筑工地产生的噪声污染，以及工业生产和建设等产生的废水、废气和其他固体废弃物污染，都会在不同程度上形成对城市环境的破坏，对市民居住环境形成不利影响，进而严重损害居民

---

① 中国共产党第十七届中央委员会第二次全体会议．中共中央关于深化行政管理体制改革的意见［EB/OL］．（2008-2-27）http://news.xinhuanet.com/newscenter/2008-03/04/content_7717129.htm.

健康。[1]

此外，在资本追求利润最大化的野蛮发展逻辑的推动下，人力、物力和财力大量向经济发达城市聚集，城市规模极端扩大。数量庞大的打工者如浮萍一般成规模地流动，据统计，2004 年，全国外出就业的农民工人数达到 1.18 亿左右，占农村劳动力的 23.8%。这种浮萍式无序流动的人口，不仅形成流入地人口季节性大规模迁移的“春运潮”，为人民生活带来极大的不便，而且大规模的人口聚集，更助推了大城市中人口过载、城市污染、交通拥挤和生活质量下降等各种城市病的爆发，为城市治理带来极大的困扰。

四、公共服务供给不均衡困境

由于城市化进程速度不一致以及城乡二元分离的户籍制度，形成了公共服务供给非均衡化的治理困境。一方面，在同一个城市内，由于公共服务供给的城乡差别，以及城乡居民之间的收入差距不断扩大，加剧了社会矛盾。统计显示，在 1986 年，城乡居民收入只差 1 倍，到 2005 年，城乡收入差距系数达 0.4，接近国际公认的 0.5 危险线。加上公共服务差异化的不平衡供给，造成了城乡、户籍人口与非户籍就业人口之间的不公平对待，形成各种冲突和矛盾，主要表现为城市户籍人口与非户籍人口之间的利益冲突，以及现行制度下城市政府在基本社会保障和公共服务供给方面的区别对待，导致城市人口贫富分化，激化了社会矛盾。在户籍制度的限制下，伴随着城市土地征用范围不断扩大，大批失地农民中只有一小部分可以真正融入城市并成为拥有城市户籍的市民，而大多数失去土地的农民都变成城市中没有稳定性的最低收入群体。不

① 刘志平．城市化进程中我国城市治理的困境与对策探讨［J］．福建广播电视大学学报，2014（2）：45-68.

同身份的城市居民在享受教育、科学普及、医疗卫生以及社会保障等公共服务方面是完全不相同的，存在着明显的有差别、非均衡供给。因此，土地的城市化并没有真正消除城乡二元结构和城乡差异，而是从城乡矛盾转变为城市内部矛盾。①

另一方面，由于城市化发展进程的不均衡，在一段时间内甚至出现“一个中国，四个世界”②的情况。上海、北京、深圳等高收入地区形成直追发达国家第一世界，而中西部贫困地区、农村地区、少数民族地区、低收入地区和边远地区则形成落后于世界低收入国家的第四世界。在工业转型过程中，中小城市和广大农村地区被边缘化，城市化进程远远落后于世界水平。而一些东部城市则达到了世界发达国家的城市化水平，城市经济、文化等综合实力的提高，为大城市政府提供高品质的公共服务提供了现实基础，而城市化水平落后的中西部地区，仍处于解决经济困境的城市化初期，经济、文化等综合实力落后，地方政府无力顾及和提供满足基本需求的公共服务，一些落后地区的公共服务的供给呈现出严重不足的状态。这种非均衡的城市化，不仅引发了大量的人口无序流动，也严重影响了社会公平的达成，拉大了贫富差距，特别是在弱势群体利益诉求渠道缺乏的情况下容易激化矛盾，成为破坏城市和谐秩序的不稳定因素，使城市治理走入困境。

当前公共服务供给不均衡表现在：一是基础教育的均衡配置问题突出，城乡和地区之间基础教育的办学资金差距很大，优秀农村师资流失严重。二是医疗和卫生服务资源分配不均衡，基本医疗保险覆盖率不足，结构失衡以及运营效率低下，加剧了医疗不公平等现象。普遍存在

① 韩康．中国城镇化发展的最大风险：城乡矛盾内化［J］．国家行政学院学报，2013（3）：5-19.
② 胡鞍钢．一个中国四个世界［N］．北方财经网，2001-2-22.

的“看病贵，看病难”问题，表明个人卫生费用支出的负担过重，“因病返贫”现象将加剧社会矛盾。三是在社会保障方面，城乡和区域之间的社会保障发展失衡现象突出。农村和欠发达地区社会保障基金投资少，资金来源缺乏稳定，导致覆盖范围狭窄，养老保险、医疗保险、基本社会保障等体系不健全问题。公共服务的非均衡供给将导致形成贫困陷阱、人力资本损失、社会资本缺乏和政府公信力下降等社会问题，加剧贫富差距和社会不公，阻碍诚信、互助等优良社会环境的形成，引发社会凝聚力下降及暴力事件增加等社会原子化风险，造成城市治理困境。

五、城市治理市民缺位和素质培育缺失困境

在中国城市治理过程中作为主人翁的市民总体处于缺位状态，市民没有参与城市治理的意识也没有参与的渠道。同时，城市市民素质参差不齐，随处可见的不文明行为展现的素质培育缺失现象在各个城市中普遍存在。历史和现实的原因共同造成了这样的状态。首先，是对市民参与城市治理的主体意识培育的忽视，导致出现城市治理中的市民缺位现象。城市化是人口在地理上的集中，以及非农业活动在城市空间扩张的过程，也是城市价值观和城市生活方式在空间上蔓延的过程。市民素质培育和生活质量的提高本应该成为城市治理的核心因素，但是中国早期缓慢滞后的被动城市化，形成了中国城市经济基础薄弱、城市人口稀少、城市布局混乱的局面。这种城市化进程使得新中国成立后的很长一段时间，一直面临着贫困和落后的经济形势。为了尽快强化国家经济、维护国家的稳定，国家将城市定位为经济发展的火车头，城市的经济功能被放在首位，城市规划和建设都围绕着有利于生产发展的布局展开。城市成为工业基地的代名词，在计划经济体制下，形成了“见物不

见人”的城市管理模式。在改革开放前和改革开放初期，市民的概念一直被淡化，在中国语境中市民只是具有城市户籍、归属城市政府管理的从事非农生产的人口。这种城市管理模式对人的忽略，以及计划经济体制对公民参与的形式、范围、深度等方面的阻碍，造成了市民在城市治理中的严重缺位。在城市中政治和公共管理似乎与普通百姓无关，而传统的守旧、顺从观念让人们无意去参与公共事务的决策，对市民主体意识、公共意识和参与意识的培育也形成了非常不利的影响。改革开放以来，我国城市居民的教育水平普遍得到提高，市民对城市治理中政策以及问题的认知程度有了较大的提升，但由于长期缺乏对参与意识的培育，缺乏通畅、有效的公共参与渠道和参与城市治理的实践经验，导致市民参与城市治理的主观意识较弱、客观能力也较低的局面，阻碍了城市治理多元主体的构建，形成了市民参与度难以提高的困境。其次，是城市化初期对市民素质培育的忽视，导致出现市民素质相对不高的现象。市民素质一般包含五个方面：身体素质、思想素质、文化素质、法制意识和道德修养。其中思想素质影响着市民的价值观和理想信念的形成，文化素质决定着市民的智力发展水平和文化知识结构，法制意识和道德修养则影响着市民的行为选择和价值追求，对维护城市稳定的社会秩序和塑造良好的社会风尚起着有力的保障作用。由此可见，培养市民素质是构建优良的城市治理“软环境”的关键。市民素质的提高有助于培养负责、守法、理性等公民意识，而市民有序参与城市公共事务的过程则可以提高市民的民主决策能力，能够为社区治理及基层民主发展提供精神支持，有利于从根本上培育现代公民精神。良好的公民素养和理性的公民精神，不仅可以提升城市治理水平，而且可以帮助推进国家治理的整体现代化。长期对市民素质培育的忽视，形成了当下市民公共行为不文明、价值追求低端和道德素养不高等城市“软环境”治理困境。

第二章
中国特色城市“文明治理”模式的理论基础

中国的城市化在曲折中前行，基于独特历史前提的城市化进程使中国的城市发展具有了鲜明的历史传承特色，既有辉煌的文明发展底蕴，也有封建等级制糟粕所带来的特定城市治理困境。面对挑战，中国共产党带领着全国人民开始了“中国城市之治”的探索，从实践诉求到理论借鉴，再由实践试点到理论升华，遵循螺旋式上升的辩证发展规律，一个具有中国特色的“文明治理”模式正沿着独特的城市发展道路逐步成型。

第一节　城市治理与城市“文明治理”

20 世纪 80 年代，治理概念在西方区域公共事务管理中开始被频繁地使用，从统治到治理，是人类政治文明发展的大趋势。“治理”与“统治”两者只存在一字之差，却形成了在权力的主体、性质、来源、运作方向和职能范围等方面的天壤之别，是人类文明前进的一步大跨越。

一、治理与城市治理

目前人们对“治理（governance）”一词有多种定义。1992 年，

“全球治理委员会”将治理定义为“争取使用政治权威控制和经营社会及资源，以促进社会和经济的发展”，强调法制精神；政府领导向人民负责；公共机构公正地管理和使用开支；建立在信息技术基础上的政治与行政公开。[①]1995 年，“全球治理委员会”在《我们的全球伙伴关系》研究报告中又将治理概念阐释为：“治理是各种公共的或私人的个人和机构管理其共同事务的诸多方式的总和。它是使相互冲突的或不同的利益得以调和并且采取联合行动的持续的过程。这既包括有权迫使人们服从的正式制度和规则，也包括各种人们同意或以符合其利益的非正式的制度安排。它有四个特征：治理不是一整套规则，也不是一种活动，而是一个过程；治理过程的基础不是控制，而是协调；治理既涉及公共部门，也包括私人部门；治理不是一种正式的制度，而是持续的互动。”[②]

威格里·斯托克（Gerry Stoker）梳理了当前流行的治理概念，并提出了五个关键点：① 治理意味着来自政府，但又不仅限于政府的社会公共机构和行为者，它对传统的政府权威提出了挑战。它认为政府不是唯一的权力中心，而是强调只要行使的权力得到公众的认可，各种公共和私人机构就可以成为各个共同层面上的权力中心。② 在现代社会中，国家正在将由其独自承担的责任，转移给承担国家初始责任的公民社会，即各个私营部门和志愿团体。③ 治理概念清楚地表明，参与集体行为的各种社会公共机构，他们之间存在权力依赖。所谓的权力依赖意味着致力于集体行动的组织必须互相依靠，为了实现目标，各组织之间需要交换资源，并共同商定一致的目标。④ 治理表明参与者联系在一起最终形成自治网络，可以在特定领域与政府密切合作，并分担其行

① 全球治理委员会 . 我们的全球伙伴关系［R］. 纽约：牛津大学出版社，1995：33.
② 俞可平 . 治理与善治［M］. 北京：社会科学文献出版社，2000：4-5.

政责任。⑤ 治理就是指把事情做好的能力不能仅限于依靠政府的权力，也不能只限于凭借政府的命令或权威来办事。在公共事务管理领域中，还可以采纳其他管理方法和技术。政府有责任运用这些新方法和新技术，从而能够达到更好地控制和指导公共事务的目标。[①]

城市治理则是治理理论在城市公共事务管理领域的应用，是将治理方式应用于城市公共事务管理的过程；是地方当局与私人利益团体合作以实现共同的集体目标，并由政治、经济和社会价值体系共同打造的过程；是政府与民间社会，公共部门和私人机构之间的互动过程。

当前，政治民主化是在市场经济体制下，适应城市社会群体的分化、城市发展动力的多元化、科技的迅速发展与社会信息化的基本选择。有学者指出：“在现代城市中，对公共事务的最佳管理和控制已不再是集中的，而是多元、分散、网络型以及多样性的，这就涉及中央、地方、非政府组织、个人等多层次的权利和利益协调——这种由各级政府、机构、社会组织、个人管理城市共同事务的诸多方式的总和就是城市治理”[②]。因此，城市治理特别关注的是过程，是政府与市民社会、公共部门与私营机构的互动过程，是地方当局与私人的利益集团协同配合，力求实现集体目标的过程，并由政治、经济和社会价值体系来合力缔造。在城市治理概念中政府只是城市治理的主要参与主体之一，其组织能力是城市治理的关键。城市治理的内容具有系统性和层次性，不仅包括各权力部门垂直的行政约束，还包含水平的各相关部门、企业、组织和社团相互制衡的建设性协作。[③]

① 袁政．城市治理理论及其在中国的实践［J］．学术研究，2007（7）：63-68.
② 同上。
③ 同上。

二、城市“文明治理”

城市“文明治理”是建立在城市治理的基础上，对城市治理内容和目标的文明化拓展。这是将治理理论运用于城市公共事务管理实践的过程，也是政府与民间社会，公共部门和私人机构之间实现集体目标的协调与互动的过程。但由于治理理论的理论来源于新公共管理，是从企业管理演变而来的理论，企业管理强调的是管理的高效性和实用性，缺少对人文性的追求。因此，城市“文明治理”对城市治理的文明化拓展在于：城市“文明治理”进一步强调在城市治理的过程中要追求“以人为本”的理念和目标，而不仅仅是城市治理的高效性和实用性。在治理手段和程序中更加追求将法制化、社会化、精细化和科技化等现代文明成果运用于城市治理过程，而不单是行政化或市场化的管理手段。因此，城市“文明治理”是基于城市治理实践中出现的非理性困境，对城市治理内容和目标的文明化拓展。不仅是将治理理论运用于城市公共事务管理实践，进而达成政府与市民社会、公共部门与私营机构之间协调互动以实现集体目标的过程，而且还是以“文明”为核心内涵和价值取向，将“以人文本”作为城市治理的理念和目标，将现代文明成果融合于城市治理手段和程序中以推进城市形态文明、功能文明和素质文明全面提升的过程。

第二节　城市治理模式的“元治理”理论

元治理（治理的治理）的概念指出，治理意味着在规范、原则和价值观当中，隐含或明确地进行选择。“若引领治理过程的价值观、规范和原则清楚且明确，这种选择会变得较为容易。换言之，若实质性问题一旦盖棺定论，并且内在选择也已固定，那么这其中的过程将不再是随机的，而是由一系列具体的元治理原则所引导，这些原则将会对所有相关的公共、私人组织产生影响并且与之互动。”[①] 也就是说，不同的元治理原则引导下的价值观选择及其引发的规范和原则，必定影响对治理理论的创新进而形成不同的“元治理”理论。治理理论落实到城市治理实践，两者相结合的最明显的体现就是城市治理出现各具特色的模式，不仅是不同时代的城市治理模式不一致，同时代的不同地域也会出现差异化的城市治理模式。基于不同的时代和不同的地方特色而出现的城市治理问题自然也是不尽相似的，面对不同的问题，学者从问题出发基于自己选择的“元治理”原则不断进行理论创新，形成了丰富的治理理论成果，这些成果运用于实践构成不同治理模式的“元治理”理论基础，进而构建出各种类型的治理模式。例如以“政治与行政二分”理论与“官僚制”理论为基础，构成了传统公共行政治理模式。而在新公共管理等理论的引导下，则形成了参与型政府、企业化政府、市场化政府、灵活性政府和解除规制政府等治理模式。

中国不同于西方社会制度的特殊国情，形成在“元治理”原则层面的不同选择。在价值观方面，中国凝聚出的社会主义核心价值观，引导着城市治理选择了与之相对应的规范和原则。因此，基于中国的“元治理”理论与西方不尽相同的现实状况，注定在中国的城市治理进程中会形成具有中国特色的城市治理模式。正如简·库伊曼等学者所说：“元治理中的某些组成部分（比如与正义相关的部分）源自宗教思想或哲学学派，具有道德立场。元治理的其他思想来源更具有‘实用’的规范性

① 简·库伊曼，斯维恩·詹托夫特．治理理论与实践：经典一体研究新解［M］．王浦劬，藏雷振，译．北京：中央编译出版社，2017：196.

质，比如效率或有效性。”[1] 也就是说，具有道德立场的西方治理理论组成部分包含了符合人类发展共性的内容，这些有益理论是值得我们借鉴的，特别是西方在领先多年的城市化历程中所形成的各种实用、有效的实践经验，是值得我们在城市治理实践中参考的。

一、国外城市“元治理”理论的借鉴

（一）西方理论对中国特色城市“文明治理”理念层面的启示

中国城市经历了以经济发展为中心的快速发展阶段，为新时代的城市治理奠定了良好的物质基础。但伴随快速发展而来的是一些不可避免的“城市病”，为了克服这些“城市病”中的不文明现象，新时代的中国必然要对城市进行文明的治理，而指导文明治理的理念将决定治理的方向和结果。西方的一些立足于文明发展的治理理念，与我国以人民的利益为出发点的文明治理理念相一致，因此，我们有必要研究这些治理理念，从而为我国新时代的城市文明治理实践提供借鉴和参考。

1. 亚里士多德以“至善”和“优良的生活”为目标的治理理念的启示

在西方城市治理理论中，亚里士多德提出了以“至善”和“优良的生活”为目标的治理理念。在他看来：“所有共同体中最崇高、最有权威并且包含了一切其他共同体的共同体，所追求的一定是至善，这种共同体就是所谓的城邦或政治共同体。”[2] 也就是说，城邦是一种最崇高、最具权威性的共同体，其建立的目的之一就是通过建立善业来不断追求至善。而“善分为三类，即外在诸善，身体中的诸善和灵魂中的诸

---

① 简・库伊曼，斯维恩・詹托夫特．治理理论与实践：经典一体研究新解［M］．王浦劬，藏雷振，译．北京：中央编译出版社，2017：201.

② 亚里士多德．政治学［M］．颜一，秦典华，译．北京：中国人民大学出版社，2003：1.

善，而至福之人拥有全部这些善”。[①]“外在的诸善”指物质文明，“身体中的诸善”指身体健康，而“灵魂中的诸善”指精神文明。亚里士多德认为适当的物质条件是人们获得幸福的基础，但精神文明才是人们获得幸福的根本，因为“幸福的生活无论是快乐之中或在人的德性之中，还是在两者之中，都属于那些在品行和思想方面修养有素却只适中地享有外在诸善的人，远甚于属于那些拥有外在诸善超过需要，在德性方面却不及的人”。[②]也就是说，人们不能无休止地追求物质享受，因为物质不能培养人的德性，而恰恰是有德性的人在创造财富。因此，人们必须正确处理物质文明与精神文明之间的关系，摆正追求的目标，否则将影响人们幸福生活的实现。当前在城市中出现的拜金主义现象，表明在城市治理中发生了本末倒置的问题，在这样的城市中人们很难获得幸福。亚里士多德认为：“每个人所得到的幸福正好与他具备的德性和实践智慧，以及以此行事的能力相等。……幸福的城邦必定是最优秀的和践行高尚的城邦。”而每个人的实践智慧体现在现实生活中就是行为文明。

以追求“至善”为目标的城市治理，体现在现实中就是城市中的人民过着“最优良的生活”。那么怎么样的治理才能使人们过上最优良的生活呢？亚里士多德指出：“最优良的生活对于个人或城邦共同体而言，是具备了足够的需用的德性以致能够拥有适合于德性的行为的生活。”[③]我们可以将这句话解读为：整个城邦拥有良好的社会风气，人们拥有足够的修养和品德，就能够使得体现整个城市“德性”的精神文明成果潜移默化为市民的良好素质，并通过文明的行为在现实中展现，进而使人

① 亚里士多德．政治学［M］．颜一，秦典华，译．北京：中国人民大学出版社，2003：227.
② 亚里士多德．政治学［M］．颜一，秦典华，译．北京：中国人民大学出版社，2003：1.
③ 亚里士多德．政治学［M］．颜一，秦典华，译．北京：中国人民大学出版社，2003：229.

们拥有最优良的生活。因此，“足够的需用的德性”转换为现代视角可以看作城市发展的软环境，所以软环境建设是人们获得优良生活的保障，也是城市治理的重点，文明的治理就是要在社会中营造良好的发展软环境，让良好的社会发展软环境为人们的幸福生活提供保障。

以“至善”和“最优良生活”为目标的城市治理理念是对以经济发展为目标的城市快速发展模式的治理理念的修正，是更适合新时代城市治理特征的理念。而且，亚里士多德认为能使人们过上“最优良生活”的城市应该是多样化的，他反对整齐划一的城市建设，因为城邦发展的本性就在于多样化，他认为城邦一旦完全达到了整齐一致，就会失去其所应具有的丰富多彩性，便不再是城邦了。这个观点和我们将城市看作文明成果的承载体的观点相一致，城市发展的多样性体现着文明发展成果的丰富性，这为当前千城一面的中国城市建设理念敲响了警钟。

2. 孟德斯鸠“以权力制约权力”的分权制衡治理理念的启示

新中国成立以来，中国城市治理以政府为单一主体的管理结构，为迅速治理新中国成立初期混乱的局面提供了有力的组织保障。在以政府权威作为背书的情况下，行政方式成为最高效的城市管理手段，促进了中国城市化的发展，为改善全国经济状况提供了良好环境，同时为解决当时的主要社会矛盾奠定了坚实的物质基础。随着改革带来的经济飞速发展，我国社会的主要矛盾已经发生变化，作为社会实践平台的城市治理也变得越来越复杂。这使得政府作为单一主体的治理结构出现了很多被动的局面，政府不能面面俱到地管理城市中出现的各种问题，以至于出现人们的生活质量没有伴随着经济水平的增长而提高的矛盾现象。面对现实，国家及时提出了转变政府职能的方针，而这个方针正是治理理念在中国广泛运用的前提。治理理念中最根本的一点就是将自上而下的政府统治，变为多方参与的协商共治。因此，打破城市公共管理中的权力垄断需要被提上议程。

孟德斯鸠认为：“一切有权力的人都容易滥用权力，这是万古不变的一条经验。有权力的人使用权力一直到遇到界限的地方才休止。”[①] 因此，他提出了权力相互牵制、相互制衡，从而打破权力垄断的“以权力制约权力”的治理理念。在他看来，行政与立法之间的相互制衡非常重要，两者之间的制衡体现在两个方面。一方面，行政权可以通过“反对权”参与立法，还可以根据其掌握和了解的实际情况来规定相关会议的召开时间和举行的期限；另一方面，行政权在本质上是有局限范围的，不能无限扩张，当行政权通过反对权参加立法时，它就没有权力参与立法事项的辩论，没有提出议案的权力，对于立法机关做出的对国家税收的决定，它只限于表示同意。

在当前城市治理中，最基层的社区治理特别需要引入孟德斯鸠的分权制衡理念，因为在社区治理的主体中，对本社区的治理需求最为了解的应该是社区的各种自治组织，而且他们也是利益关系最切近的治理主体。如果在社区治理中各种自治组织享有“反对”权，将能避免一些不合理规章制度的制定，同时也能促使相关治理制度更加完善，并具有更好的可行性，使得社区群众受益。在社区治理中引入与切身利益相关的治理主体，也可以避免“运动式”城市治理问题，修正在创建全国文明城市时全城总动员、在测评结束后全面放松的短期治理机制，建立起城市“文明治理”的长效机制。

3. 杰斐逊的以保障人权为前提的治理理念的启示

杰斐逊的自然法思想认为人们之所以愿意组织到一起结成社会，为的就是让自己的人权得到保障，他指出：“共同防御强邻，这是早期人

---

① 孟德斯鸠 . 论法的精神（上册）[M] . 张雁深，译 . 北京：商务印书馆，1985：154.

们结成社会的主要的或唯一的动机，每个人绝不会考虑到放弃自己的任何天赋权利，这种权利随着他们的共同防御这一目标的实现而得以实现。”[①] 这一思想的亮点在于人类天生具有一些不可被剥夺的权利，包括生命权、自由权和追求幸福的权利，人民为了保护这些权利不被剥夺才成立了政府，所以政府权力的根本来源是人民的委托。因此，居住在城市中的每个人都应享受公平待遇，尤其是一些生活在城市底层，但由于各种限制而不能享受公平待遇的弱势群体。例如，改革开放后大量涌入城市的农民工群体，因为户籍政策的限制，使他们生活在城市，却又不属于城市，为城市建设付出的劳动是一样的，但享受的各种城市社会保障却是不一样的，这些人就像无根的浮萍一样漂流在各个大城市中，权益得不到保障，不停地流动状态使他们对城市缺乏认同感和归属感，游离于城市治理体系外，成为城市社会中一种不稳定的因素，也是形成城市人际关系沙漠化的诱因之一。

杰斐逊的保障人权思想运用于新时代的城市治理理念中，表现为在制定各种治理制度时要更加重视制度的公平、公正性，特别是在制定城市社会保障体系时，有必要考虑如何更好地保障生活在城市中的每个人，使得弱势群体的人权得到更有力的保障。当“居者有其屋，耕者有其田”时人们才能安心生活于城市，整个城市才能更加稳定，更加繁荣。

（二）西方理论对中国特色城市“文明治理”制度层面的启示

1. 公共选择理论对治理制度安排的启示

公共选择理论对“经济人”的假设和“偏好显示机制”的研究，对于建立以满足人民需求和公共利益最大化为目标的治理制度安排提供了

① 杰斐逊．杰斐逊文选［M］．朱曾汶，译，北京：商务印书馆，1963：52.

借鉴。

公共选择理论认为，人类社会由政治市场和经济市场两个市场组成。个人在社会活动中主要是做出经济决策和政治决策两类决策。而在经济市场和政治市场上活动的是同一个人。这种“经济人”假设认为，人的行为动机应该是一致的，同一个人不会在两个不同的市场中，基于两种不同的行为动机去进行活动，也就是说，不可能出现在经济市场活动中追求私人利益最大化，而在政治市场上却追求公共利益最大化的“善恶二元”人。这种“经济人”假设与市场经济社会的实际很贴合，我们很难想象一个有着资本家身份的政治人物，在制定相关政策时，能够不偏向自己的利益集团，而制定出违反自身利益但可以最大限度地提高公共利益的政策。[①]

公共选择理论认为市场经济的运行机制决定了“特殊利益集团”的形成，因此传达人们的需求和利益的“偏好显示机制”在公共决策中十分重要。公共选择理论认为，当有着共同利益的人组合到一起时就会形成“特殊利益集团”，比如行业垄断集团，区域利益保护集团（欧盟），等等。这些“特殊利益集团”的存在对于制定公平、公正的城市治理制度会产生较大的影响。而相对的一些被排除在“特殊利益集团”之外的人群的利益就可能被侵害，他们的诉求也常常被忽略，例如，城市农民工因为组织太松散，流动性强，因此他们常常被排斥在大部分利益集团之外，他们的利益诉求传达渠道缺失，利益保护常常被城市治理机构忽略，所以在制度制定过程中需要建立下情上达的“偏好显示机制”，让政府更充分地了解人民的需求，从而避免“特殊利益集团”对决策者的干扰，使制度成为实现公共利益最大化的有力保障。

---

① 布坎南 . 自由、市场和国家：80 年代的政治经济学［M］. 平新乔，译，上海：三联书店，1989：90-98.

基于这种理论假设，我们可以在城市治理中获得的理论启示就是，如果要建立以满足人民需求和公共利益最大化为目标的治理制度，在进行制度安排设计时就必须先建立一套对决策者和“特殊利益集团”的监督和约束机制。让公民平等享有进行公共选择的权利，确保制定的公共决策能够满足绝大多数人的需求，从而实现公共利益最大化的目标。

2. 新制度经济学派理论对治理制度安排的启示

新制度经济学提出的交易费用思想将社会文化等因素纳入制度研究范围，揭示了城市软环境是影响交易成本的重要因素，为强化城市软环境治理的制度安排提供了依据。它修正了新古典经济学的零交易费用的假设，强调如果所有交易的成本都为零，那么无论怎么安排生产和交换活动，所使用的资源都是一样的，可实际情况是，许多资源相似的城市，经济发展的水平却存在很大差异，这证明了零交易成本的不合理性。在《企业的性质》一文中，科斯提出了交易费用的思想，认为交易费用应包括界定、度量和保障产权的费用，发现交易对象和价格的费用，议价和签约成本以及督促契约条款严格履行的费用等。这表明交易活动本身也是一种稀缺性资源，在市场诚信环境好的地方发现交易对象的概率会增加，同时议价、订立合同以及督促契约条款严格执行的费用也能降低。优良的城市“软环境”建设可以最大限度地降低交易成本，而相反市场诚信环境的不确定性则将增加交易成本。当前中国城市经济发展地区差异很大，东部沿海城市发展速度远高于西部地区，交易费用思想揭示了背后的原因不仅在于地方的自然资源差异，还在于各地的经济发展软环境差异。上海、北京的诚信体系建设已经走在全国的前列，企业也意识到社会责任的承担是其未来发展的潜在机遇，拥有诚信和社会责任担当的企业所形成的良好品牌和信誉会带来巨大的利益。

交易费用理论给城市“文明治理”理论的启示在于，要强化社会诚信体系的建设和企业社会责任体系的建设。这些看似与经济发展没有关系的制度安排，却会在未来对当地经济的长远发展产生很大的影响，所以在制定城市治理制度时必须重视以降低交易成本，建设优良软环境为目标的治理制度安排，将社会诚信体系和企业社会责任体系建设纳入城市治理政策制定的框架设计中。

同时科斯认为，所谓的制度，就是人或组织之间的行为准则和互动关系，它包含了传统、风俗、习惯、潜规则、人情关系、血缘关系等影响因素，所以制度本身就包含了社会文化等软环境因素，所以制度建设既源于社会文化环境，同时又制约着社会文化环境，因此在制定相关制度时应该因地制宜，融入当地的社会文化特色，这样才能更好地为当地人们所接受。

（三）西方理论对中国特色城市“文明治理”实践策略层面的启示

1. 新公共管理理论对建立治理实践新格局理论的启示

新公共管理理论为克服中央协调机制信息不足而提出的公共物品和服务提供过程中的分权协调机制，为中国建立双向治理结构及多元主体参与的治理实践新格局提供了参考。

新公共管理理论源于西方发达国家的实践探索，目的是摆脱“福利国家”制度带来的政府困境。其基本思想包括：主张政府在公共行政管理中应该只做政策的制定者而不承担政策的执行，即政府只起“掌舵”的作用而不参与“划桨”；政府应以顾客或市场为导向，形成自上而下的统治权与自下而上的自治权的双向互动，对政府职能形成新的认识，并重新定位政府与社会之间的关系，从而改变两者在传统公共行政模式下确立的关系；政府应该通过授权或分权的办法，增加参与管理的主体，达成对外界变化做出迅速反应的目标，进而提高解决公共问题和满足公民需求的有效性和响应能力；基于交易成本理论，提倡重视公共服务的效率，在政府的公共部门中需要采用成功的私营部门的管理方法和竞争机制，从而增强服务供给的质量和效率。

当前，中国城市治理也面临着政府公权泛化，治理主体单一，治理手段落后从而导致政府的管理能力和管理绩效不理想的状况，新公共管理理论主张将企业管理模式和市场理念、机制引入公共管理领域，以提高公共服务供给质量和效率的分权协调机制，可以为实现我国政府职能的转变，建立政府、市场与社会“共治共建共享”的治理实践新格局提供参考。

2. 协同论对城市社区自组织治理实践的启示

协同论研究的是远离平衡态的开放系统，如何通过自己内部的协同作用，在与外界存在物质或能量交换的状态下，自发地形成时空和功能上的有序结构。 它指出“系统能否发挥协同效应是由系统内部各子系统或组分的协同作用决定的，协同得好，系统的整体性功能就好。如果一个管理系统内部，人、组织、环境等各子系统内部以及他们之间相互协调配合，共同围绕目标齐心协力地运作，那么就能产生 1+1>2 的协同效应。反之，如果一个管理系统内部相互掣肘、离散、冲突或摩擦，就会造成整个管理系统内耗增加，系统内各子系统难以发挥其应有的功能，致使整个系统陷于一种混乱无序的状态”。[①] 协同论提出的自组织原理，旨在对系统如何从无序到有序的演化过程进行阐释，其实质是系统内部自组织的过程，而协同就是自组织的形式和手段。这个原理为我国城市社区系统进行自组织，实现从无序到有序的治理实践提供了新的思维方式和理论视角。

中国的城市社区是一个基层管理系统，如何使社区中的人员、组织

① 白列湖．协同论与管理协同理论［J］．甘肃社会科学，2007（5）：228-230.

和环境通过协同作用组织起来、相互配合，围绕着将社区治理好的共同目标齐心协力展开工作，是当前城市社区治理的重点和难点。由协同论可知，只有自组织良好的社区管理系统，才能从不稳定的无序状态转为稳定的有序状态，从而达成自我完善和发展，发挥出 1+1>2 的效用。协同论提出的“序参量”概念，对系统如何在临界点上经历相变进行了解释，同时，对“序参量”如何引导系统产生新的空间、时间或功能结构也展开了详细的阐述。在实践中，我们非常有必要审时度势地创造各种条件，通过控制社区治理系统的外部参量，并加强系统内部的协同来强化有益于社区治理的“序参量”，实现系统有序、稳定地运行的目标。

综上所述，西方与我国的政治体制虽然不同，各种城市治理理论也各有优劣，但在城市治理中所遇到的问题却有相似性，特别是在我国经济发展到一定水平后，城市治理所面对的问题也曾是西方一些发达城市所面临的，因此，西方城市治理理论中的一些符合人类发展共性的理念、制度及实践策略，可以为中国新时代背景下的中国特色城市“文明治理”提供有益的借鉴和启示。

二、国外发达城市治理实践经验借鉴

（一）优良的城市治理理念引领治理方向

强调城市治理的社会化是美国的城市治理理念。在“大社会、小政府”治理格局中，政府治理重在“掌舵”而不是“划桨”，政府只在确保社会服务公正性和合理性等宏观方面发挥主要的监管者作用，而将城市治理的具体运作委托给市场、社会组织和市民。

德国的城市治理理念是破除对城市规模增长的追求，倡导节制、注重长期发展规划，以人的需求为城市治理的出发点，建设均衡发展的中小城市。德国采用“帮助人而非奴役人”的技术和适当的资源取用来维护文化和生态的多样性，进而构建人与自然和谐发展的现代城市。

日本的城市治理理念是以长远规划奠定治理基础，以严密的法制保障城市的有序运行。由于日本土地资源稀缺，人口密度相对较大，日本政府将城市基础设施的高效能使用作为保障城市有序运行的关键，科学合理的规划和大量的资金投入，打造出优良的公共基础设施体系，为城市治理提供了良好的硬件环境，而严密的法制和规章制度则为城市治理执行提供了有力的软件环境，优良的硬件设施和软件环境保障了城市社会的有序运行。

新加坡的城市治理理念是以科学、完备的立法为依据，以严格的执法为保障，以高素质的城市治理主体参与为后盾的全面依法治理。新加坡是世界上土地面积最小的国家之一，建国时间较短，但它却是世界上最宜居的城市之一。新加坡的城市治理依靠面面俱到的立法，严格执法和高素质的城市治理主体，以“无事不立法”为城市治理提供法律依据，以科学的立法保证执法的可操作性和严格性，以高素质的城市治理主体保障法制的文明执行。

（二）科学的城市规划提升城市形态文明

城市规划关系到城市的长远发展，发达国家十分重视用科学的规划来引导城市建设，使城市的形态变得更加文明，这方面的实践经验主要可以归纳为三个方面。

首先，是对城市规划的科学性和前瞻性的特别强调。早在新加坡建国之初，新加坡就聘请了联合国的有关专家为其编制长期和战略性的概念性发展规划，并将它作为总的纲领，依据它来编制城市的总体规划和分区规划。新加坡还成立了由政府官员、专家组成的总体规划委员会和开发控制委员会，由他们来分别负责公共建设项目的规划和重大的非公共部门建设项目的规划，通过征集专家意见和社会意见来确保规划的合理适用性，以科学、前瞻性强的规划引领城市建设，保证了城市形态结构、空间布局和基础设施体系的合理性和舒适性，打造出“花园城市”的城市个性特色。

英国城市规划的科学性，主要体现在城市规划设计人员的高素质、城市规划的完整性和实用性等方面。英国通过皇家规划师协会来对会员进行考核，对不合格的规划师给予警告或取消资格处理，每年严格的考核保证了规划师队伍的高素质，进而通过高素质的规划师保障规划的科学性。而完整性一方面表现为国内从宏观到微观的系统覆盖性，从国家规划、结构规划到地方规划、交通规划以及保护规划等各项专项规划，层次分明，结构完整。另一方面作为欧盟成员国，英国的规划完整性还表现为与欧盟接轨的受洲际规划引导与控制的空间远景发展规划。而规划的精细性和可操作性则证明了其规划的实用性。例如，在地方规划中，就细化到具体地块的详细规划，在城市设计中甚至连屋顶的形状和窗户的规格都是经过仔细规划的。

日本城市规划的科学性主要体现在长远性方面。日本最成功的城市规划案例就是“共同沟”的建设。“共同沟”是东京历时 7 年打造的一条能够发挥综合作用的地下管道井，水管、电缆、煤气管等 9 种基础设施，通过“共同沟”被合理分布，方便了管道检修，避免了由乱开乱挖所形成的“拉链马路”等不良状况，保证了城市的有序运转，使城市的各项功能得以正常发挥，从而为城市实现科学治理奠定了良好的基础。

其次，是强调城市规划的法制化。英国以完备的法律和制度将城市规划编制、审批等流程纳入规范管理，尽可能地避免了规划的人为干预可能导致的随意性，保证了规划的科学性和持续性。英国作为一个老牌的资本主义国家，有着悠久的城市治理实践历史和丰富的城市规划理论，规划的合法化相对比较成熟。英国在 1909 年就有了第一部《住房和城镇规划法》，并颁布了“规划政策指南”，以指导地方政府进行规划审核批准，并规定规划项目的决策权在地方议会。通过规划编制和审批的法制化建设，英国保证了城市规划的规范性。

同样，美国也特别重视依法治市，完善的城市规划法律体系已经被建立起来。早在1916年，纽约市就制定了“区划条例”，到1926年，美国的大多数城市都各自有了区划法规。宏观层面，美国没有统一的国家法规。中观层面，城市规划的各项法规都基于州的授权法，州的法律规定了总体规划和相应的规划条例等。城市规划委员会作为法定机构，不仅是编制综合规划及区划条例责任者，而且也是大量规划的执行者。微观层面，在城市中由城市规划和发展部负责起草发展规划，由市议会审议批准的规划将被视为地方性法规，具有不得非法变更的法律权威性，由城市行政机构和司法机构保障执行，部分社区负责履行全面的规划行为。

最后，是确保城市规划的落实与执行。新加坡的概念性发展规划和城市总体规划都具有很强的执行力，因为这些规划都经过了严格的法定流程来审批，所以是不可能被随意进行修改的。一方面，一流的规划为规划的有效执行提供了可操作性基础；另一方面，新加坡事无巨细的立法为规划的真正落实与执行提供了法律依据，而严格的执法和到位的处罚力度则为规划的落实到位提供了保障，一旦出现违规建设的情况，违法者就要被处以3 000新元的罚款或被监禁不超过3个月，或者两者兼施。名目繁多、数额巨大的罚款有效减少了违规行为的出现，新加坡已成为少有的能将规划真正落实到位的国家之一。

英国通过建立强大的权力机构——规划督察来监督规划的审批。通过监督规划管理部门和政府在规划项目中的审批过程，避免了规划中失误和错误的出现，从而确保规划的合理性和可执行性。例如，当开发商向地方政府申请规划项目时，如果被拒绝，他就可以向规划督察提出申诉。随后规划督察将召集听证会，让当事双方进行举证辩论，最后依据规划法和规划政策指导纲要等政策法规，由规划督察做出最终裁定。

（三）以城市治理参与主体的社会化来保障利益共享和分配公平

美国的市政府为了指导城市利益相关者和公众积极参与城市治理，特别建立了一套完整的机制。它不仅通过法律赋予了公众参与公共管理的合法性，而且从制度和程序上对公众参与治理的权力给予了有力保障，提高了公众参与渠道的畅通性，进而保证大众在城市治理成果中的利益共享性和公平性。例如，市议会在讨论与城市治理有关的问题时，会提前很长时间发布公告，由此来确保市民能够获得有关讨论议题的信息，并有时间进行准备和分析。会议召开时，必须邀请所有的利益相关者来参加。居民可以旁听以确保利益相关者参与整个决策过程，提高决策的透明度和参与者对执行相关决策的热情，并促进决策的有效执行。同时，在决策执行过程中，通过鼓励多元主体参与进来，展开监察和督促，确保了城市治理和建设项目能够在市民的监督下实施，达到让政府权力“阳光运行”的目标。城市治理参与主体的社会化，为多元城市治理参与主体提供了有效的参与途径和表达利益诉求的公平机会，促进了城市治理的利益共享性和分配的公平性。

日本政府通过改善城市治理的参与和监督机制来动员社会力量积极参与城市治理。在城市运行环境治理中，一方面通过明确社会主体的责任，强化主体的环保意识。例如，东京政府制定并颁布了《废物管理促进再生社会基本条例》，从源头上加强了市民和各种社会组织在垃圾管理中的责任。[①] 市民必须减少日常生活中不必要的生活垃圾，并履行环境保护责任。企事业单位必须履行“生产者扩展责任”，将解决垃圾问

① 张红樱，张诗雨．国外城市治理变革与经验［M］．北京：中国言实出版社，2012：36.

题延伸到产品制造阶段，加强了在产品设计和制造过程中的环保观念，以便于产品使用后的回收再利用。另一方面，培育并依靠社会组织进行环保状况的监督和存在问题的反馈，为多元主体参与城市治理提供途径和利益诉求的公平表达机会。例如，建立绿地维护志愿者注册系统，对志愿者进行培训和管理，设立市民反馈意见提交程序，不仅提高了组织的参与能力，使民间组织的力量得到充分发挥，而且提供了参与的有效途径和充分反馈利益诉求的公平机会。在实现城市治理目标的同时，提高了相关成果的共享性。

（四）多样化的城市治理手段提升城市治理效能

随着社会的进步和科技的创新，城市治理的手段越来越多样化，当前在优秀的城市治理实践案例中，使用的主要治理手段包括行政化手段，市场化手段，法制化手段和信息化手段。在发达国家的治理实践中，多种多样的现代城市治理手段被灵活采用，并形成了良好的实践经验。

新加坡在城市治理中通过对法制化和行政化手段的灵活运用，取得了良好的治理成效，形成了宝贵的经验。首先，在法制化手段运用方面，新加坡在城市治理中推行完全法制化管理，不仅有完整的针对城市治理各方面问题的全面立法，做到“无事不立法”，为城市执法人员提供了执法依据，而且具体、详尽的立法更对法规的内容、制定办法及惩罚措施进行了明确的规定，提高了执法的可操作性和规范性。其次，在行政手段的使用方面，新加坡政府推行了可操作性较强的城市治理考评制度，对城市硬件设施的维护管理和城市清洁管理实施考评。通过建立体系化的考评项目和每个指标的具体评分标准，强化了考评工作的客观性，大大降低了考评的人为性和主观随意性。对卫生、开敞空间、乱丢垃圾等城市治理具体方面的考评标准，为城市治理提供了参考，促进了城市治理效能的提高。此外，新加坡政府还开展了评比活动，以考核各市政理事会在一段时期内在城市治理中的成绩，使城市治理行政人员与居民可以明确城市治理中的问题，并提高对城市治理意义和相关法规的认识，促进参与主体自动投入城市治理，居民、社会力量等多元主体的参与形成了城市治理效能提高的强大推动力。

美国政府在市场化和信息化手段运用方面形成了较好的实践经验。首先，是市场化手段的运用。“小政府和大社会”的治理模式，意味着市政府的权力范围小和可以利用的资源十分有限。因此，引入资源并提高城市治理的效率和效益，已成为实现美国城市治理目标的关键。通过引入市场机制，美国城市政府在治理方式上进行了合理的授权和分权，从而使市场机制可以在城市治理中发挥作用，成功调动企业的热情和创造力，并在政府与市场之间，政府与企业之间形成良性互动，达到整合社会资源，以弥补政府资源不足的目的，提高城市治理效能。其次，是信息化手段的运用。作为科技发达的现代化国家，美国对于如何在城市治理中运用现代先进科技手段，形成了经验。美国城市政府通过互联网为居民提供了高效的公共服务，居民通过互联网可以直接与政府取得联系，方便了诸如个人税务等具体事务的办理。另外，美国通过不断建立和完善地理信息系统，为市民在系统中随时查阅城市规划布局、掌握城市交通状况提供了便利，而且还提高了城市公共服务水平，彰显了城市治理的高效能。

第三节　中国特色城市治理的反思与超越

一、对国外城市治理理论与经验的反思

鉴于国外发达国家的城市治理理论和经验大体上都基于资本主义制

度，作为社会主义国家，我们需要用马克思主义的相关理论对这些理论和经验进行反思，特别要对城市治理中资本逻辑所带来的影响进行反思和考量，因为资本追求剩余价值最大化的本性所带来的公共利益和私人利益的对立，是很多不文明现象出现的根源。随着新时代的到来，中国社会主要矛盾发生转化，使我国的国家治理理念也发生转变，“打造共享共治共建的治理新格局”成为当前国家治理的目标。而城市作为国家治理的重点和载体，治理的理念、制度、本质及实践策略也必将随之发生转变，在新时代背景下我们需要在借鉴的同时对国外城市治理理论与经验进行反思，结合治理实践对中国城市治理理论基础进行进一步探讨和研究，从而为中国未来城市文明治理实践提供前瞻性的理论指引，使治理实践方向更明确，治理手段更有效。

“元治理”概念指出：价值观、规范和原则的选择不仅与城市治理实践性问题有关，更与治理体系制度设计等其自身问题有关。城市是让人们可以美好生活的地方，因此，城市治理的核心理应为“人”，而从国外的城市治理理论和治理模式所面临的问题中我们可以看到，城市治理问题的关键源于公共利益与私人利益的对立，以及对“人”这个核心要素的忽视。基于马克思主义视角对国外城市治理理论与经验进行反思，可以让我们明白潜在于城市治理背后的资本逻辑是引发“重物轻人”现象的重要推手。而中国的“元治理”理论，源自中国特色社会主义理论体系，它是马克思的科学社会主义理论与中国国情相结合的产物。因此，在城市治理中选择的引领中国特色城市“文明治理”的价值观是社会主义核心价值观，其引申出的规范和原则，是基于中国现实国情、针对解决当前主要社会矛盾的“以人为本”的方针和政策。从马克思和恩格斯对资本逻辑的批判视角，我们可以通过反思来探讨中国特色城市“文明治理”模式的理论基础。

马克思科学社会主义的逻辑起点来自对资本主义基本矛盾及其发展趋势的深入阐发，其提出的核心依据在于对资本逻辑的批判。马克思将资本定义为可以带来价值增值的价值。马克思指出：“资本只有一种生活本能，这就是增值自身，创造剩余价值，用自己的不变部分即生产资料吮吸尽可能多的剩余劳动。”[①] 资本本质的工具理性标示着资本对经济领域之外的社会公平、正义及人的尊严等社会意义的忽视。资本逻辑是从资本的本质引发的市场经济规律，它以资本增值和追求利润最大化为规则。资本逻辑贯穿于资本主义社会的方方面面，不仅是经济领域必须遵循的规律和价值追求，而且贯穿资本主义的社会关系领域，构成了资本主义国家意识形态的核心，效率和利润最大化成为资本主义社会的价值追求。马克思对资本逻辑采取了扬弃式的批判，他首先肯定了资本逻辑对推进人类文明发展的历史作用，他说：“资本来到世间的短短时间所创造的价值，是之前几百年都不曾有的”“资本主义社会的经济结构是从封建社会的经济结构中产生的。后者的阶梯使前者的要素得到解放。”[②] 资本逻辑的推动促成了生产力的解放和物质财富的快速积累，推进了社会的文明进步。

但是，马克思又从对资本逻辑的深入分析中，揭示了资本逻辑对剩余价值追求的背后所隐藏的对劳动力的剥削、对人的尊严及社会关系的破坏等逆文明发展的野蛮性。进而马克思对资本逻辑无限增值主义和追求剩余价值的疯狂逻辑进行了严厉的批判，马克思指出：资本“使人和人之间除了赤裸裸的利害关系，除了冷酷无情的现金交易，就再也没有任何别的联系了”[③]“资产阶级抹去了一切向来受人尊崇和令人敬畏的职

① 马克思，恩格斯．马克思恩格斯文集（第5卷）［M］．北京：人民出版社，2009：269.
② 马克思，恩格斯．马克思恩格斯文集（第5卷）［M］．北京：人民出版社，2009：822.
③ 马克思，恩格斯．马克思恩格斯文集（第2卷）［M］．北京：人民出版社，2009：34.

业的神圣光环。它把医生、律师、教士、诗人和学者变成了它出钱招雇的雇佣劳动者”[①],资本“把人的尊严变成了交换价值”。[②]资本逻辑的野蛮性表现在资本原始积累阶段迫使生产者与生产资料相分离的血腥手段，其价值追求中本身就隐含着对人的忽视，从而导致出现经济发展目标本末倒置的现象，在城市治理中表现为原本城市治理的目标是为了使人生活得更美好，而现实中城市化的结果则是人被异化为劳动工具，从属于资本增值的目标，随着资本的流动而呈现无序流动的状态，正如马克思所指出：“资本由于无限度地盲目追逐剩余劳动，像狼一般地贪求剩余劳动，不仅突破了工作的道德极限，而且突破了工作日的纯粹身体的极限。它侵占人体的成长、发育和维持健康所需要的时间。它掠夺工人呼吸新鲜空气和接触阳光所需要的时间。”[③]

恩格斯在《国民经济学批判大纲》中揭露了资本主义条件下公共利益和私人利益之间普遍对立的本质，并认为克服这种状况的出路在于限制资本的非理性扩张。他指出：“竞争的真谛就是消费力对生产力的关系。”“社会应当考虑，靠它所支配的资料能够生产些什么，并根据这种生产力和广大消费者之间的这种关系来确定，应该把生产提高多少或缩减多少，应该允许生产或限制生产多少奢侈品。”“在这种情况下，主体的竞争，即资本对资本、劳动对劳动的竞争等，被归结为以人的本性为基础并且到目前为止只有傅立叶做过差强人意的说明的竞赛，这种竞赛将随着对立利益的消除而被限制在它所特有的和合理的范围内。”[④]恩格斯强调在社会主义社会，资本逻辑的运用应该被限制在“消费力对生产力的关系”中，也即限制在经济领域，而且资本的扩张需要有宏观的控

① 马克思，恩格斯．马克思恩格斯文集（第2卷）[M]．北京：人民出版社，2009：34.
② 同上。
③ 马克思．资本论（第1卷）[M]．北京：人民出版社，2004：306.
④ 马克思，恩格斯．马克思恩格斯文集（第1卷）[M]．北京：人民出版社，2009：76.

制，“应该把生产提高多少或缩减多少”的依据转变为以人民的需求来确定，而不是为了追求高额的利润就进行无限制的生产，以至于剥夺人民的生活、休闲和娱乐时间。

由此可知，马克思、恩格斯已经注意到资本逻辑对社会关系的僭越，他们主张将资本的运用限制在经济领域。因为一旦资本逻辑僭越到社会关系领域，就会出现私人利益对公共利益的侵蚀，而在城市治理中，以维护公共利益为出发点的公共服务提供和公共政策的制定是城市治理的重点。因此，从马克思对资本逻辑批判的角度出发，在中国的城市治理中需要在经济领域发挥资本逻辑推进生产力发展的正向作用，而在社会关系领域则要限制资本逻辑的僭越，用宏观调控来限制资本逻辑逆文明发展的非人性化副作用。

由马克思主义理论对资本的逆文明性和野蛮发展逻辑批判中可知，社会主义理论是基于“以人为本”，追求人的全面发展和人类文明进步的理论，中国特色城市“文明治理”的根本目标将回归为使人们生活得更美好的人本性初衷。中国特色城市“文明治理”的目标与资本主义社会的治理目标存在着本质区别，这决定中国特色城市“文明治理”在价值观的选择、治理规范及原则的制定等方面都必须遵循马克思对人的全面发展和人类幸福的关怀本性，继承其对资本的扬弃式批判，秉持“以人为本”的价值追求，既要发挥资本在经济领域的推进作用，也要警惕资本逻辑对社会关系领域的僭越，工具性地看待资本，从而杜绝资本的逆文明性发展逻辑对城市治理的文明性侵蚀。

二、形成中国特色城市治理的新超越

（一）中国特色社会主义理论的引领优势

中国特色的城市治理是在推进我国城市现代化发展的实践中形成

的。它不仅具有一般社会主义的理论指导优势，而且具有中国特色社会主义独特的理论引领优势。

首先，公有制对资本逻辑的制约与引导是一般社会主义的理论引领优势。

马克思生活在国家建立于私有制基础上的时代，他指出："现代国家由于税收而逐渐被私有者所操纵，由于国债而完全归他们掌握。"[①] 也就是说，建立在私有制基础上的国家因为资本对政治、社会领域的僭越，使得资本家通过对资本的掌握进而控制国家权力。在城市治理模式的选择中无法摆脱资本逻辑的控制，出现保护私人利益至上的社会公共价值追求，这与以维护公共利益、保障社会公平为治理目标的城市治理存在不可避免的矛盾。

中国是建立在公有制基础上的社会主义国家，城市治理所追求的最终的目标，恰如马克思在《共产党宣言》中所描述的：无产阶级掌握政权后所实施的公共管理的最终目标为建立一种新的联合体，"在那里，每个人的自由发展是一切人的自由发展的条件"。[②] 另外，马克思指出无产阶级政府是"属于人民、由人民掌权的政府"[③]，在对巴黎公社的反思中，他阐述了有关未来社会治理的思想："公社的真正秘密就在于：它实质上是工人阶级的政府，是生产者阶级同占有者阶级斗争的产物，是终于发现的可以使劳动在经济上获得解放的政治形式。"[④] 这表明在社会主义国家，城市治理的权力是属于人民的，也就是属于生产者阶级的。如此一来，资本追求剩余价值最大化的野蛮逻辑就无法对劳动者产生异化，也保证了城市治理的"人本主义"文明本质。

---

① 马克思，恩格斯．马克思恩格斯文集（第1卷）[M]．北京：人民出版社，2009：583.
② 马克思，恩格斯．马克思恩格斯文集（第2卷）[M]．北京：人民出版社，2009：53.
③ 马克思，恩格斯．马克思恩格斯文集（第3卷）[M]．北京：人民出版社，2009：163.
④ 马克思，恩格斯．马克思恩格斯文集（第3卷）[M]．北京：人民出版社，2009：158.

其次，在中国特色社会主义的理论引领下，形成了独特优势。

中国特色社会主义“以人民为中心”的人民性，赋予了城市治理的正义性和伦理性。对中国特色社会主义社会发展规律的认识和把握，赋予了城市治理的科学性和合理性。在实践中对中国特色社会主义的探索和理论总结，使中国特色城市治理具有不同于西方的独特性和地方适应性优势。①

科学社会主义是中国特色社会主义的理论根基，其一般原则指出：① 社会主义社会必须建立在生产资料公有制的基础上，组织生产的目标是为了满足社会全体成员的需要。这就意味着社会主义生产具有与为了资本的增值所进行的资本主义生产完全不同的目标。因此，在中国特色城市治理中，实现好、维护好和发展好人民的利益，才是社会主义国家城市治理的本质要求，体现着中国特色城市治理推进社会文明和物质文明建设的目标需求。② 社会主义社会对自然进行的改造和利用是基于对自然规律的尊重和维护，努力的方向是达成人与自然的和谐共处，而不是破坏自然。因此中国特色城市治理不仅是包含生态文明等五大文明建设为目标的系统性治理，也是以绿色发展等五大文明发展理念为引导的可持续性治理。 ③ 社会主义社会必须坚持科学的理论指导，大力推动先进文化的发展。因而中国特色城市治理的目标必然包含以精神文明建设为重点的城市公共文化服务建设，需要通过制定相关制度，培训文化服务从业人员，以达到不断提高城市素质文明的目标。④ 社会主义事业必须始终坚持无产阶级政党的领导。中国共产党的领导，是我国社会沿着正确方向前进的保证，也是中国特色社会主义社会稳定并可持续地发展的保证。因此，中国特色城市治理是在党建引领之下的多方协

---

① 艾四林．讲清楚中国特色社会主义优势更好讲好思想政治理论课［J］．北京教育（德育），2019（04）：9-10.

作治理，是以实现政治文明为目标的城市治理。

（二）党建引领的制度优势

在改革开放 40 年的进程中，中国的迅速崛起引起了全世界的关注。对中国如何在实现经济成功转型的同时，还能保持社会秩序基本稳定的原因的探索，已成为学者们破解“中国成功之谜”的研究热点。西方中国问题研究专家得出的典型答案是：中国推行了以市场经济为导向的经济改革，却保持了基本政治体制的不变。[①]而中国的官方答案是：中国走上了一条中国特色社会主义道路。在党的十九大政治报告里，习近平明确指出：“我们党团结带领人民进行改革开放新的伟大革命，破除阻碍国家和民族发展的一切思想和体制障碍，开辟了中国特色社会主义道路，使中国大踏步赶上时代。”[②]这句话表明，改革开放是在党的领导下，汇聚了全国人民的力量所进行的创举，只有坚持中国共产党的领导，才能取得改革开放的伟大成就。所以，坚持中国共产党的领导，走中国特色社会主义道路，才是在实现经济转型的同时又保障社会稳定的关键因素，党建机制也成为顺利推行国家治理体制改革的有力保障。

党建机制几乎在所有重要治理转型领域都发挥了重要的战略功能，并在推动治理领域条块协同、社会组织有序发展、拓展治理网络等方面发挥了关键作用。[③]党的建设引领着社会治理的创新，在社会治理领域发挥着重要作用。党建机制延续了革命时期的组织建构模式和群众路线方针，成为覆盖中国特色城市治理结构中“条”“块”及社会组织的全方位的引领机制。党建作为一种治理机制是中国特有的城市治理机

① 俞可平 . 中国的治理改革（1978—2018）[M] . 北京：社会科学文献出版社，2018.
② 习近平 . 决胜全面建成小康社会，夺取新时代中国特色社会主义伟大胜利——在中国共产党第十九次全国代表大会上的报告 [N] . 人民日报，2017-10-28.
③ 李友梅等 . 中国社会治理转型（1978—2018）[M] . 北京：社会科学文献出版社，2018（1）：208.

制。其独特性在于党建的行政和组织覆盖性，使党建在中国社会治理中发挥着独特的作用，始终处于具有战略性地位的高度。在中国情境下党的组织优势和富有弹性、黏合力的政党运行机制，在解决中国城市治理所面临的“条”的全国统一标准要求，和“块”的地域特色发展要求发生冲突的“两难”困境中发挥着独特的协调作用。党建可以凭借自身独特的组织优势将“条”和“块”的负责人员组织到一起，协调“条”和“块”的矛盾，为达成共识提供组织平台。同时，党建的群众覆盖性优势使得当前在城市的多元治理结构中，通过党建引领可以形成政府、社会组织、社区居委会及居民等多方协作的良性互动关系，并保障治理主体间的分工协同，为多方协作提供组织和交流的平台。党建治理机制在城市治理中促进了民主治理模式的践行，在基层民主和协商民主治理领域，在自下而上的民主参与和确立公众的主体性地位等方面起着引领作用。

第四节　中国特色城市治理模式的文明本质

中国的“元治理”理论源自中国特色社会主义理论体系，社会主义核心价值观引领着中国特色城市治理，其引申出的规范和原则是基于中国现实国情的针对解决中国当前主要社会矛盾的方针和政策。社会主义核心价值观所倡导的开放性和包容性，引导我们不断运用创新思维来面对层出不穷的城市治理问题，在借鉴国外城市治理理论和实践的基础上，结合马克思主义的文明实践理论，沿着中国特色城市发展道路形成了具有中国特色的城市治理模式。这种在中国特色社会主义理论指引下形成的城市治理模式具有鲜明的文明本质，它是以“民生幸福”为基石，以“文明发展”理念为引领，以“文明治理”为模式的“以人为本”的动态更新的治理模式，是一种开放、系统并可持续的治理模式，而非一成不变的固定的治理模式。

一、以“民生幸福”为基石的人文性城市治理

在早期批判普鲁士政府的著述中，马克思指出，专制政府的实质是“把人兽化”[①]；真正的国家是“合乎人性的国家”[②]。他将人的本质归纳为：“人是类存在物，不仅因为人在实践上和理论上都把类当作自己的对象；而且因为人把自身当作现有的、有生命的类来对待，因为人把自身当作普遍的因而也是自由的存在物来对待。”[③] 在此马克思突出了人的本质是“自由的存在物”而不是被私有制所异化的附属于自己的创造物（生产资料）的劳动工具。城市治理要尊重人的需求和满足，要以“民生幸福”作为城市治理的根本目标。经济发展的目标只是为了更好地满足人们日益增长的物质需要，马斯诺需求层次理论告诉我们物质需要的满足只是人的需求的低层次满足，而尊重、自我实现等精神需求的满足才是高层次的满足，这与马克思主义提倡的人的本质的实现程度所经历的三种形态相一致。马克思指出第一种形态是“人的依赖关系，是最初的社会形式，在这种形式下，人的生产能力只是在狭小的范围内和孤立的地点上发展着”。[④] 第二种形态是“以物的依赖性为基础的人的独立性”[⑤]“在这种形式下，才形成了普遍的社会物质变换、全面的关系、多方面的需求以及全面的能力体系”[⑥]。第三种形态是“建立在个人全面

---

① 马克思，恩格斯．马克思恩格斯全集（第 47 卷）［M］．北京：人民出版社，2004：25.
② 马克思，恩格斯．马克思恩格斯全集（第 1 卷）［M］．北京：人民出版社，1995：225.
③ 马克思，恩格斯．马克思恩格斯文集（第 1 卷）［M］．北京：人民出版社 .2009：161.
④ 马克思，恩格斯．马克思恩格斯文集（第 8 卷）［M］．北京：人民出版社 .2009：52.
⑤ 同上。
⑥ 同上。

发展和他们共同的、社会的生产能力成为从属于他们的社会财富这一基础上的自由个性”。[1]马斯诺认为，“人的自我实现”是满足人的需求的最终目标。马克思认为，人类幸福的实现是“人的全面发展”，尽管表述不同，但两位大师都将满足人的需求，实现人的幸福作为社会发展所追求的终极目标。可见“民生幸福”才是所有城市治理的目标，而不断满足不同社会发展阶段的人民的需求，就是为了让人民过上“幸福的生活”。为人类谋幸福是马克思终身追求的事业。作为社会主义国家的中国，城市治理理应以马克思主义为指导，所以“民生幸福”必然成为城市治理的基石。由马克思主义理论可知，“以人为本”为人们提供幸福生活的城市治理才是符合人类社会发展方向的治理，才是以维护人民利益为宗旨的具有中国特色的城市治理。这种城市治理模式强调的不仅仅是推进经济的发展以满足人们的物质需求，更需要通过促进城市社会和文化等方面的整体发展来满足人的全面发展的需求。由此可见，中国特色的城市治理模式的文明本质之一就是以“民生幸福”为基石的人文性城市治理。

二、以“文明发展”为理念的可持续城市治理

文明是人类理性的结晶，而城市则是文明的现实载体。由马克思对资本的文明发展悖论的批判可知，资本的逆文明性将导致城市治理中对人的忽视，从而带来经济发展目标本末倒置的现象。工业社会资本逻辑对“资本无限积累”的贪婪性，形成在城市治理中盲目追求高增长的“增长主义”理念。一方面，对自然资源的掠夺性开发和对环境的不可逆性破坏及污染，引发了各种生态危机，导致城市治理面临恶劣的自

① 马克思，恩格斯 . 马克思恩格斯文集（第 8 卷）[M] . 北京：人民出版社 .2009：52.

然环境困境；另一方面，“见物不见人”的发展则将人异化为劳动工具，进而违背了人类社会文明发展的人文性本质。城市治理在这种“增长主义”理念的引导下形成的是一种不可持续性治理。“文明发展”理念是超越于“增长主义”发展理念的中国特色城市治理理念，是汇集“开放、协调、绿色、创新、共享”五大发展理念而形成的发展理念，以“文明发展”理念为引导的城市治理是一种可持续性治理，这种治理的可持续性体现于：在城市治理过程中不仅注重多元治理主体的协调性和对参与主体的开放性，而且更注重人与自然协调的绿色发展；在城市治理手段方面，注重治理技术、方法的创新；在城市治理目标中注重城市发展的“人本”性以及发展成果的人民共享性。因此“文明发展”理念是针对盲目追求经济高速增长的“增长主义”的超越和修正，在“文明发展”理念指引下的中国特色城市治理，是克服当前城市所面临的困境，维护城市可持续发展的治理模式。

（一）“文明发展”理念对“增长主义”发展理念的超越与修正

社会主义与资本主义之间的最大区别在于，后者将经济发展和维护资本所有者的私人利益作为社会发展的主要目标，而前者则将维护人民大众的利益，保障人的全面发展作为首要目标。从社会主义萌芽的空想社会主义到马克思的科学社会主义，再到中国特色社会主义，都主张建立由人民共享的公平、文明和幸福的和谐社会。这既是社会主义的社会理想，也是发展理念，只有基于此种理念的社会治理才是体现社会主义本质的治理。虽然在人类社会发展史上，资本主义国家也曾号称要建设这样的社会，但在生产资料私有制的前提下，资本逻辑对超出经济领域、社会领域的僭越所形成的社会资源向资本所有人的汇聚，使得人人平等成为空谈。只有基于生产资料公有制的社会主义国家，才能够约束资本逻辑对社会领域的僭越，通过制度安排真正实现保障人人平等享有社会发展成果，实现建立公平、幸福的和谐社会的发展目标。“文明发展”理念的提出，正是基于对资本逆文明性野蛮发展逻辑的理性思考。

“文明发展”理念蕴含开放、创新和共享等五大理念，是中国政府对社会未来发展的宏观思索和实践把握，它不仅是一种发展理念，而且是对制度安排和发展路径的选择，是建立在对资本逻辑两面性的辩证认识基础上的发展理念，是对资本逆文明发展逻辑引领下的“增长主义”发展理念的超越与修正。资本对文明发展的两面性体现在：一方面，资本解开了生产力的束缚，释放出的巨大能量推进了社会财富的创造，加速了社会的文明发展，为社会主义的发展奠定了物质基础；另一方面，资本逻辑对价值增值的疯狂追求，滋生出野蛮的增长至上的“增长主义”发展理念，在该理念的指导下，人类生产已经形成了对自然资源的掠夺性和破坏性开发，不仅造成了不可再生资源的枯竭，而且工业生产破坏了环境，形成了严重的生态问题，形成了人与自然的矛盾和社会原子化风险，暴露出阻碍社会文明发展的消极面。资本逻辑的两面性所形成的对文明发展作用的悖论，提醒我们要在发展社会主义市场经济时不仅要利用好资本对文明发展的推动作用，而且要警惕资本对社会的解构作用，限制资本因追求利润最大化而引起的野蛮的不可持续的发展。文明是人类理性的结晶，相对于非理性的野蛮发展理念，“文明发展”理念正是建立在对资本两面性辩证认识的基础上，经过理性思考提炼出的发展理念。它既认可资本对文明发展的正面积极推动作用，又克服了资本逆社会文明发展的消极作用，在利用资本推进经济发展的同时维护了社会文明发展的可持续性，是对资本逆文明发展逻辑引领下的“增长主义”发展理念的超越与修正。

（二）“文明发展”理念内含城市可持续治理的目标和要求

国际上对可持续性的理解正在不断加深。从 1972 年到 2012 年，每隔 20 年联合国召开的相关会议对可持续性都形成了不同的认识。首先，斯德哥尔摩会议指出，经济增长已经造成了环境问题；其次，在里约峰会上用可持续发展将环境与发展融为一体；最后，在“里约 +20”峰会上开始强调通过合作治理来实现可持续发展。[①] 由这个过程可以看出，可持续性由一开始的仅限于经济领域和环境问题的关联性思考，到用可持续性来指导实践，最终走向的是可持续性治理，追求的目标是实现经济、环境和社会的和谐发展。中国特色的“文明发展”理念正是契合了这样的理解，形成了对城市可持续性治理的目标和要求

汇聚五大理念而成的“文明发展”理念，是与不文明和不可持续的野蛮发展理念相对立的一种系统、协调和可持续性的发展理念。在其引导下的城市治理是能够维护持续发展的治理，其治理目标是通过“五大文明”建设来实现经济、环境与社会和谐发展的文明状态。它对城市治理提出的要求是不仅要确保取得治理结果的文明，而且还包含治理过程的文明。

其中，城市治理结果的文明体现于治理成果如何实现共享。首先，是要在当代人之间实现公平的共享。中国特色城市治理的最终目标是建设一个公平、幸福的和谐社会，进而实现人的全面发展，所以需要完善分配制度来保障治理成果的公平分享，提高市民的幸福感和获得感，避免一部分人利用分配制度的漏洞达到独享发展成果的目的，造成另一部分人权益的丧失和发展阻碍；其次，是要在当代与后代人之间实现治理成果的合理分配与共享。不能因一味追求经济增长速度，轻视增长质量和效益，而导致出现生态破坏的不可持续性治理结果，让我们的后代面临无资源可用的困境，扭曲城市治理的价值取向。

① 诸大建 . 用国际可持续发展研究的新成果和通用语言解读生态文明 [J] . 中国环境管理，2019 (3) .

城市治理过程的文明体现于在治理过程中，既要有治理前的规划和问题源头预防措施，也要有对治理过程的监控与应急措施，以及对治理结果的评价和末端问题的纠正处理。“文明发展”理念要求在治理过程中，要注重在源头的预防、在过程中的纠偏和在结果上的人民共享性。追求的根本价值取向应该是不断改善和提高全体人民的生活水平，保障社会公正和人民幸福，而不是以牺牲弱势群体的利益来谋取整个城市的发展，更不能走先破坏再治理的不文明治理老路。

三、以“文明治理”为模式的系统性城市治理

“文明治理”是治理的一种模式，是中国语境中系统性、合作型治理的代名词，相对于不文明、不科学、不持续、不公平、非理性的野蛮治理，“文明治理”的系统性表现为四个方面。

一是“文明治理”模式内容的系统性。中国特色的城市治理是在中国特色社会主义理论的指引下的治理。党的十七大提出中国的治理现代化包含了“五个文明”的建设，作为中国国家治理实践平台的城市治理自然将五个文明的和谐发展作为治理的主要内容。“五个文明”覆盖了城市治理的各个方面，构成了一个全面而完整的文明体系。其中，生态文明是前提，物质文明是基础，政治文明是保障，精神文明是灵魂，社会文明是目的。强调同步、协调地发展“五个文明”，是经过深思熟虑后，在精准把握人类社会发展趋势基础上，对其做出的正确回应，是中国共产党的科学发展理念及和谐发展理念的再一次跨越和提升。

二是“文明治理”模式治理方法与技术的系统性。在与时俱进的治理理论不断更新的宏观引导下，治理过程中为达到不断提高的治理要求，大数据、虚拟空间及网络平台等高科技手段不断应用于城市治理，使得城市治理的技术和方法不断创新，治理手段变得越来越科技化和系

统化。同时，由于“文明治理”手段的有效运用需要合适的人才，因此文明治理要求不断加强对参与治理的多元主体的培育，人才作为治理手段的核心元素，在治理过程中得到较好的培训与提高，促进了治理主体整体文明素质的提高，高技术的运用、治理方法的改善与人才的培养将不断促进治理手段的系统性发展。

三是“文明治理”主体结构的系统性。在这种模式中治理的主体是多元化的，是一种由多个主体基于平等协商的原则，在达成共识的基础上有意识地采取行动以实现共同目标的主体结构。“治理”概念的提出，本身就是在公共管理领域中对统治、管制模式的文明进步，表现为治理的权威不仅来自政府，而且还来源于非政府主体在对治理目标达成共识基础上的自愿与配合。治理行动的顺利推进，依靠的是政府与非政府组织、政治国家与公民社会以及公共与私人机构之间的相互配合与协作，相较于传统城市管理，体现的是强制与自愿相交融的合作。同时，与传统行政管理仅仅靠制定和实施政策，通过发号施令来实现对公共事务的单向度管理不同，行政治理是一个上下互动的系统性结构，政府、社会组织等主体通过合作和协商来处理公共事务，所以其权力向度是多元的，不仅仅只有自上而下一个走向，社会力量在治理中的比重不断加大，发挥的作用日益增强。

四是“文明治理”目标的系统性。在中国特色城市治理模式下，治理的目标不再是谋求经济发展的单一目标，而是要达成在城市物质空间的形态文明，在社会空间的素质文明和在效用空间的功能文明的系统性目标。

综上所述，中国特色的城市治理模式的文明本质在于，它是以“文明发展”为理念，以城市的形态、功能和素质文明的全面发展为价值追求目标，包含了内容、目标、治理方法和技术的文明性等对城市全方位、系统化的“文明治理”模式。

第三章
中国城市治理模式的演变逻辑

城市发展具有很强的阶段性和地域性特点，因此，城市治理在不同时期、不同国家和地区也分别具有不同的模式和特点。

第一节　中国城市治理模式的历史演进

中国自身独特的城市化发展进程，使城市治理模式体现为三个阶段的演变历程。

一、单一行政管制模式的起步阶段（1949—1978 年）

现代意义上的中国城市化始于 19 世纪晚期，在此之前中国以自给自足为特点的农耕文明使中国社会发展长期处于停滞状态。直到 20 世纪，在工业化运动的推动下，我国的城市化进程才有了一些可观的发展。1949 年，中国的城市化率达到了 10.6％，慢慢走上了城市化的道路，缓慢的城市化进程是新中国成立初期城市治理的历史起点。

新中国成立初期，面临迅速恢复国家财政经济和稳定社会秩序的挑战，我国在推进工业化建设时，放弃了西方发达国家先发展轻工业再发展重工业，缓慢推进工业化的道路。选择学习苏联，采取了集中资源、人力，优先发展重工业的策略，用 10 余年时间建立起较为完备的工业体系，走上了“赶英超美”的急切推进工业化道路。这样的道路对于城市化发展缓慢、工业基础薄弱的新中国而言无疑是困难重重的，在缺乏资本原始积累，又无法获得外部援助的现实条件下，“只能依靠人力代替资本，依靠对人力的大规模动员和组织、依靠较为严酷的自我剥夺（如统购统销）来实现原始积累”。[①] 这样的原始积累途径不仅形成对农村剩余产品的挤占，也要求城市居民“勒紧裤腰带”过日子，造成在经济体制改革前，全国人民普遍生活于贫困之中的困窘局面。

在这样的历史背景下，中国早期的城市化随着工业化的推进而展开。与伴随着漫长的工业化积累过程发展起来的西方城市不同，中国早期的城市功能相对简单，保持社会稳定的政治目标和维持温饱需求的经济目标，成为城市治理的首要目标。从 1949 年到 1978 年改革开放前，相对缓慢且落后的城市化背景和在计划经济体制下的简单经济发展模式，促使中国城市治理形成了单一行政管制模式。

这种行政管制型模式的特点是：① 城市治理以保障重工业优先发展的“工业至上”为理念。国家为了对抗西方势力的打压和稳定社会秩序，在“赶英超美”等强国理念的推动下，提高国家经济实力成为当时的迫切政治需求，导致优先发展重工业成为政府推进城市化发展的主要动力。因此在新中国成立后的计划经济体制下的城市治理形成了保障重工业的优先发展的“工业至上”治理理念。② 城市治理的内容简单。由于在此阶段城市与乡村的差别不大，计划经济体制下的城市经济除简单的剩余产品交换外，经济生产仍然是以自给自足为目的，城市居民生活资料靠定量供应，城市没有商业功能。绝大部分城市居民生活在单位

① 殷树凤. 马克思主义国家、社会、个人关系理论视角下的中国社会治理研究［M］. 合肥：合肥工业大学出版社，2017：69.

共同体中，集体意识对个体意识的覆盖与统一，以及落后的经济发展状态导致的物质匮乏，使得居民生活方式单调、生活水平低下。城市治理的内容仅限于维持最基本的城市正常运行，公共服务体系的缺失，形成了公共基础设施破旧、简陋，除了必要的马路和最基本的卫生保障公共设施外，基本没有多余设施的落后城市面貌。③ 城市治理职责和手段的单一。在此阶段，中国城市化的方向、规模、速度、水平和形式的选择，都由政府来决定。在快速发展重工业的政策指引下，城市治理是以服务于工业生产为目标的，城市人口的增减也服从于工业生产的需求，人口在城乡的流动由行政手段控制。在“城市剥夺农村”的背景下，形成城乡二元结构，人口的自由流动被户籍制度严格限制，个体需求被忽略，治理的目标不在于提供满足人民生活需求的公共服务，而在于保障工业发展，公共服务系统基本没有建立起来。因此城市管理的职责简单，少量的城市管理者的职责仅仅是维护城市的基本稳定，解决威胁社会稳定和城市正常运行秩序的治安等问题。在整体城市化进程以政府强制性制度安排为保障的历史背景下，管理的手段也只能采取单一的自上而下的行政手段，居民基本处于单纯服从命令的被管制状态。

二、趋向于文明治理的改良型治理模式阶段（1978—2014 年）

中国社会主义建设初期主要的激励机制是以理想、信念为引导的精神激励机制，要求将民族和人民的长远利益放在第一位，而忽视了对现实利益和个人需求的满足，群众的积极性和活力在单纯的奉献机制下无法长期维持。城乡二元的户籍管理制度，以及“统包统配”的国家主导型劳动就业制度，保障了在城市中优先发展重工业的劳动力需求，也形成了严格的社会流动限制屏障，使得整个社会处于各种死板的计划安排中，陷入失去社会多样性和活力的低端发展状态。改革开放初期，改革带来的社会发展活力，促进了社会经济飞速的发展，长期处于贫困和被约束状态的人们对物质财富的渴望，形成了全社会对工业生产的极大热情。在对“贫穷不是社会主义”等社会主义本质形成清楚认识的前提下，社会主义市场经济体系逐步被建立起来，城市的经济功能被日益凸显，在短短几十年里，中国城市的经济发展取得了举世瞩目的成绩。但唯 GDP 马首是瞻的“增长主义”发展，在带来经济繁荣等物质文明发展的同时也形成了拜金主义、个体自由主义等价值观多元化的精神文明建设问题。面对社会风气败坏、公共道德下滑及公共行为失范等社会不文明现象，以及交通拥堵、环境污染等“城市病”爆发的逆文明发展现象，国家开始了趋向于文明治理的反思。

我们可以从党的各大会议的重点内容中把握到这种反思的轨迹。在 1987 年召开的党的十三大会议中，我党提出要把“富强、民主、文明”作为建设中国特色社会主义的奋斗目标，并强调“文明”主要是指社会主义精神文明；党的十四大则指出社会主义必须有高度的精神文明，强调把精神文明建设提高到新水平，明确提出了“精神文明重在建设”的方针[①]；党的十四届六中全会在对精神文明建设所面临的形势进行全面分析的前提下，通过的《中共中央关于加强社会主义精神文明建设若干重要问题的决议》[②]，明确提出“开展创建文明城市活动”。从此，体现中国城市文明演进趋势的创建活动，先后在全国各大城市铺开，这表明我国已经开始认识到促进城市物质文明和精神文明协调发展，是建设社会主义和谐社会的客观需要，也是当代中国城市公民对理想人居环境、理想城市的追求。到 1997 年，在党的十五大会议中，建设中国特色社会

① 中国共产党代表大会史编写组．中国共产党代表大会史［M］．北京：新华出版社，2012：528.

② 中国共产党代表大会史编写组．中国共产党代表大会史［M］．北京：新华出版社，2012：541.

主义的文化成为一个亮点；[①]2002 年，党的十六大指出“坚持物质文明和精神文明两手抓”是社会主义建设的宝贵经验之一。[②]2007 年，党的十七大明确表示科学发展观的核心是“以人为本”，[③] 并将“加强文化建设,明显提高全民族文明素质。”[④] 作为全面建设小康社会的一项新要求。

2012 年，中国成功实现了从计划经济向社会主义市场经济的转型。全年国内生产总值 519 322 亿元，成为全球第二大经济体。在这样的背景下，党的十八大提出推进新型城镇化建设，指出当前中国特色社会主义建设中存在的主要问题包括“发展中不平衡、不协调、不可持续问题依然突出”“城乡区域发展差距和居民收入分配差距依然较大”“社会矛盾明显增多，教育、就业、社会保障、医疗、住房、生态环境、食品药品安全、安全生产、社会治安、执法司法等关系群众切身利益的问题较多，部分群众生活比较困难”“一些领域存在道德失范、诚信缺失现象”等问题。[⑤] 针对这些问题，全面建成小康社会的新要求被明确为：经济持续健康发展，在发展平衡性、协调性、可持续性明显增强的基础上，实现国内生产总值和城乡居民人均收入比 2010 年翻一番；人民民主不断扩大；文化软实力显著增强，使社会主义核心价值体系深入人心，使公民文明素质和社会文明程度得到明显提升；人民生活水平全面提高；总体实现基本公共服务均等化；资源节约型、环境友好型社会建设取得

① 中国共产党代表大会史编写组 . 中国共产党代表大会史［M］. 北京：新华出版社，2012：556.
② 中国共产党代表大会史编写组 . 中国共产党代表大会史［M］. 北京：新华出版社，2012：580.
③ 中国共产党代表大会史编写组 . 中国共产党代表大会史［M］. 北京：新华出版社，2012：621.
④ 中国共产党代表大会史编写组 . 中国共产党代表大会史［M］. 北京：新华出版社，2012：623.
⑤ 胡锦涛 . 坚定不移沿着中国特色社会主义道路前进，为全面建成小康社会而奋斗——在中国共产党第十八次全国代表大会上的报告［EB/OL］(2012-11-9) http://cpc.people.com.cn/18/n/2012/1109/c350821-19529916.html

重大进展；主体功能区布局基本形成，资源循环利用体系初步建立。[①]这些会议精神表明我国已经将包含物质、政治、社会、精神和生态等各项文明在内的城市的文明治理提上了日程。

由这些会议的亮点内容和提出的方针政策可以看出，随着治理和建设实践的深入展开，我国对文明发展内涵的认识正日益变得丰富，而包含推进各项文明和谐发展的城市治理和建设也渐渐被重视起来。这一时期的城市治理模式，我们可以称之为改良型治理模式。改良型治理模式的特点有以下几点：

一是以促进经济发展的"增长主义"为理念的"以物质增长为本"的治理。改革开放初期，邓小平认识到计划经济时代国家对社会和个人的全面控制已经严重影响了生产力的发展。他说："进行政治体制改革的目的，总的来讲是要消除官僚主义，发展社会主义民主，调动人民和基层单位的积极性。要通过改革，处理好法治和人治的关系，处理好党和政府的关系。党的领导是不能动摇的，但党要善于领导，党政需要分开。"[②]党政分开就是以坚持党的领导为前提，改变党组织统一包揽的领导方法，实行政权组织和其他群众组织各司其职、各负其责的职能分工。这意味着党委和地方政府的工作重心要从政治转向经济，中央向地方让渡部分经济决策权，党委着重于政治决策而日常行政事务则交由地方政府管理。随着重大改革举措的实施，市场经济体制取代计划经济体制成为经济领域的主导，使生产力得到极大的释放，中国的经济发展获得了举世瞩目的成果。短短几十年的改革开放使中国人民的生活从一穷二白的极端贫困状态，走向了物质资料极大丰富的小康水平。经济发展

① 胡锦涛.坚定不移沿着中国特色社会主义道路前进，为全面建成小康社会而奋斗——在中国共产党第十八次全国代表大会上的报告［EB/OL］（2012-11-9）http://cpc.people.com.cn/18/n/2012/1109/c350821-19529916.html

② 邓小平文选（第三卷）［M］.北京：人民出版社，1993：177.

所带来的社会改变不断激发着人们发展经济的热情，对经济发展的渴望走向白炽化，使得城市治理目标被资本推动经济发展的逻辑所左右，在城市治理中自然形成了以促进经济发展的“增长主义”为理念的“以物质增长为本”的治理。

二是城市治理内容复杂、多变。从计划经济走向市场经济，社会转型带来城市治理内容的极大转变，城市治理变得日益复杂，各类问题层出不穷。① 提升城市治理水平的问题。从计划经济时期简单的公共基础设施建设、公共服务供给和社会治安维护，转变到市场经济时代建立公共服务体系，均衡供给公共服务，治理难度不断加大，对提升城市治理水平提出了各种挑战。② 保障城市功能文明的问题。城市功能的多样化发展，要求城市的规划应达到实现城市功能文明的设计需求，功能区域设计的合理化和前瞻性形成对城市治理“硬环境”建设的挑战。③ 城市素质文明建设问题。随着市场经济体制的建立和改革开放带来的经济全球化，人民思想得到解放的同时也面临资本主义价值观的冲击，社会价值观多元化、公共道德意识滑坡及社会原子化倾向越来越严重、城市治理的内容不仅面临“硬环境”建设的问题，而且面临着“软环境”建设（如提高居民素质等）的问题。这些情况表明，随着中国城市化进程的不断加快，城市治理将不得不时刻面对持续更新的治理内容。

三是城市治理体制不断改良。城市治理内容的复杂、多变性，使得传统的单一行政管理手段无法解决城市治理中面对的问题，在城市治理中不时出现政府失灵的现象。① 传统官僚制政府跟不上时代进步的步伐。快速的城市化，使得政府的职能转变的速度滞后于城市治理内容变化的速度，导致政府在城市治理中出现失灵现象。② 由于传统管理部门机构重叠，职责不清，导致出现多头管理的局面，城市治理陷入高成本、低效率的治理不良困境。③ 传统计划经济体制下形成的城市政府权力膨胀，使得在市场经济环境下，城市政府出于自身利益考虑对市场进行过多的干预，出现权力寻租等妨碍市场竞争机制运行的治理不良现象。面对政府失灵现象，治理体制改革势在必行，但由于此阶段是市场经济摸着石头过河的阶段，城市治理也处于不断试错的过程中，因此城市治理体制的改革也处于应变型的事后改良状态。

四是城市治理手段不断创新。在此阶段，虽然行政手段仍然是城市治理的主导手段，但随着市场经济体制的建立，市场运行机制对城市治理手段更新的需求以及改革开放对先进生产力的需求，不断推动着城市治理手段的创新。高科技的发展使得中国快速进入信息时代，大数据的运用使得城市治理的方法多样化，城市治理技术不断创新，城市治理的工具也越来越先进。

五是城市治理开始走向法制化。邓小平指出："中国的问题，压倒一切的是需要稳定。"[①] 而要维护社会稳定，坚持党的领导、保持政治稳定是核心，加强意识形态教育是基础，通过法制途径建立和完善社会运行机制则是保障。鉴于对"文革"时期出现的混乱社会秩序的反思，邓小平提出："必须使民主制度化、法律化，使得这种制度和法律不因领导人的改变而改变，不因领导人的看法和注意力的改变而改变。"[②]"为了实现四个现代化，必须发扬社会主义民主和加强社会主义法制。"[③] 可见法制化是社会秩序稳定的保障。法制是人民能够公平公正地享有各项权利的保障，而要将法制化落实到社会治理层面，就需要通过建立各项机制来推进，这些机制包括社会保障机制、社会控制机制、社会激励机制以及社会监督机制。在此前提下，城市治理中各项法制陆续出台：1980

① 邓小平文选（第三卷）[M]. 北京：人民出版社，1994：284.
② 邓小平文选（第二卷）[M]. 北京：人民出版社，1994：146.
③ 邓小平文选（第二卷）[M]. 北京：人民出版社，1994：187.

年，全国人大常委会公布了《城市街道办事处组织条例》《居民委员会组织条例》《人民调解委员会暂行通则》《治安保卫委员会暂行组织条例》四个法律文件，促进了居民委员会的建设。1982年，在修订的新宪法中，又首次以根本大法的形式明确了居民委员会的性质、任务和作用。1989年，颁布了《城市规划法》《中华人民共和国城市居民委员会组织法》，有力推进了城市规划和城镇居委会的法制化发展。1996年，《中华人民共和国环境噪声污染防治法》的发布，开启了城市噪声治理的新篇章。2003年，国务院颁布《物业管理条例》。2007年，第十届全国人大第五次会议通过了《物权法》。2009年，住建部下发了《业主大会指导规则》，为城市社区业主自治提供了法制保障。随着各项法律法规的陆续制定和颁发，中国的城市治理逐渐走上了法制化道路。

三、开启文明治理模式的探索与实践新阶段（2014年后）

2014年，《国家新型城镇化规划（2014—2020年）》（以下简称《规划》）出台，标志着新型城镇化已经由抽象的理论转变为具体的实践，拥有中国特色的城市治理开始步入“文明治理”模式的探索与实践阶段。新型城镇化是在中国城市化快速推进、经济社会急剧转型的大背景下提出的，到2014年中国的城市常住人口达到近7.5亿人，城市化率已达54.77%，人口、产业向城市密集，交通拥堵、环境污染、住房紧张、停车难、流动人口管理难等“城市病”集中爆发。针对城市治理面临的各种困境，《规划》指出，推进新型城镇化的指导思想是：“全面提高城镇化质量，加快转变城镇化发展方式，以人的城镇化为核心，有序推进农业转移人口市民化；以城市群为主体形态，推动大中小城市和小城镇协调发展；以综合承载能力为支撑，提高城市的可持续发展水平；以体制机制创新为保障，通过改革释放城镇化发展潜力，走以人为本、四化同步、优化布局、生态文明、文化传承的中国特色新型城镇化道路”[1]。

2017年党的十九大召开，在对中国国情全面分析的基础上提出了中国特色社会主义已经步入新时代的判断，人民日益增长的美好生活需要与不平衡不充分的发展之间的矛盾成为中国社会的主要矛盾。社会主要矛盾的转变说明人们追求物质幸福的时代已经过去，追求高品质生活的时代已经到来。中国城市的功能建设也从强调发展经济功能，转向强调政治、经济和文化全面均衡发展的多功能建设。城市治理也从传统管制型模式，走向“文明治理”模式。

对城市“文明治理”模式的探索与实践主要包括了四个方面的内容。

一是对城市治理理念的更新探索。“以人为本”的“文明发展”理念，逐步成为新时代中国特色城市“文明治理”的理念。新中国成立初期，国家面对西方列强的虎视眈眈及落后的生产力基础上的极度贫困局面，基于急需解决人们温饱问题和保持社会稳定的现实国情，不得不以保障“重工业的优先发展”作为城市治理的价值选择，从而为新中国的工业发展打下了基础，但综合国力仍然不强。改革之初，面对落后的生产力无法满足人们对物质文化的需求的矛盾，不断促进经济发展的“增长主义”成为城市治理主导理念，在此理念引领下，中国取得了惊人的经济发展成果，为今后城市的发展奠定了坚实的物质基础。在前两个阶段的城市治理中，对物质文明的建设都是城市治理的首要目标，因此城市治理的理念也都以忽视人的发展为特点。中国古语云：“仓廪实而知礼节”，在人们基本解决温饱问题时，我们的城市治理需要回归到“以人为本”的文明发展轨道上来。党的十九大提出的“五大文明”建设说

① 中共中央，国务院.国家新型城镇化规划（2014—2020）[EB/OL].（2014-3-16）http://www.gov.cn/gongbao/content/2014/content_2644805.htm?76p

明“文明发展”将取代早期城市治理理念，成为新时代中国特色城市治理的新理念。

二是对城市治理手段的创新与实践。以“文明治理”为手段的系统化治理将成为新时代中国特色城市治理的新手段。前两个阶段的城市治理，是处于政府管制模式下的管理，因此行政手段成为城市治理的主要手段。虽然在改革开放时期，城市治理手段不断创新，但因为政府职能转变还没有到位，城市治理手段的运用处于不断改良的状态。未来的中国城市治理随着政治体制改革的实现和高科技的发展成熟，包含了治理方法的现代化、治理技术的现代化和治理工具的现代化在内的“文明治理”手段，将不断推进城市的系统化治理。最显著的创新是随着信息时代的到来，大数据在全国各地城市治理中的应用普遍受到重视。信息化和基于网格的治理技术正在引入城市治理系统，这大大提高了城市治理的有效性。但因为治理技术手段运用的目标和使用的领域仍存在偏差，所以治理手段的创新还处于探索阶段，例如“铺设大量的电子监控系统”只是为了在问题发生时被动做出应急反应，虽然缩短了处理问题的时间，提高了治理效能，但违背了城市治理重在预防的初衷，对问题产生源头的忽视将导致城市治理陷入疲于应对突发问题的被动局面。

三是对城市治理主体结构的探索与实践。在传统管制型模式中，政府是城市治理的唯一主体，在治理结构中处于核心地位，自上而下的行政管理手段成为中国城市治理中最有效的手段。而随着中国社会的转型，政府面对市场经济发展带来的各种城市问题，出现了顾此失彼的失灵现象，严峻的现实不断督促着政府转变职能，将自身定位从全能管制型转向提供服务型，从而摆脱当前窘迫的状态。市政府在城市治理领域中的职能和权限收缩的同时，社会组织和城市居民自治组织必须承接起相关的城市治理职能。因此，在新时代，具有中国特色的城市治理主体结构必将朝着多元主体共同参与的治理结构发展。

党的十八大以后，在城市治理体制改革方面的探索取得了较大的进展，目前已初步构建起“党委领导、政府负责、社会协同、公众参与”的城市社会治理主体结构。全国各地纷纷开展城市社区治理体制创新，例如，以北京为代表的“楼宇党建”社区治理法，提升了党建工作的实效。上海等城市推出的“社区自治金项目”，通过社区自治项目的申报和评选，将社区自治的主导权交给居民，由居民决定需要建设的项目，调动起大家参与社区治理的积极性。但是，由于缺乏全国性的制度化和常态化的治理模式引导，各地对党组织、政府、社会组织及居民等治理主体在社区治理中的职责和权力认识存在差异，形成社区自治水平千差万别的局面。

与此同时，各地还开展了对社会组织培育和引导方面的探索。特别是东部沿海和发达地区的城市，越来越注重在城市治理中引入社会组织的参与。因此，发达城市（或有条件的城市）正在探索培育能够部分取代政府的社会组织，尽快承担起各种公共服务职能。例如，北京、上海等地开始以“社会组织培育基地”来孵化社会组织，通过“购买社会组织专业服务”等方式来促进社会组织的成长，两地的探索取得了较大的成效，到 2019 年 4 月上海的社会组织孵化基地已经达到 34 个[①]。目前存在的问题是由于各地对社会组织作用的认识不同，因经济实力差距形成对社会组织培育的支持力度也悬殊，加上与社会组织培育和管理相关的法律不健全，各地更没有统一的操作标准和要求，形成了各地社会组织培育各行其是的状态。

四是对建立城市公共服务体系的探索。随着物质条件的改善，城市

① 上海市民政局. 上海社会组织公共服务平台［EB/OL］.（2019-4-16）http://shzz.mzj.sh.gov.cn/nodel/zhuzhan/n8/n750/ulai141473.html

居民生活水平逐步提高，对优质公共服务的供给需求日益增加。首先，对公共服务内容的需求加大。城市功能的多样化，城市居民的个性化发展需求，使得居民的生活方式出现较大的转变，因此，对城市公共服务的需求内容，也开始出现多样化的趋势，不再仅限于水、电、煤等传统公共服务供给需求，还有了养老、治病及文化娱乐等方面的需求。其次，要求提高公共服务供给的质量。在快节奏的生活中，城市居民对公共服务的便捷性、时效性及平等获得性都提出了更高的要求。上海等地纷纷进行了探索，各地通过网络平台建立起信息化时代的社区公共服务平台，例如上海浦东的“北蔡易生活”，就用网络平台建立起线上线下的公共服务体系，不仅提高了公共服务的效能，而且增强了城市居民的获得感。但目前城市公共服务仍存在地区不平等、群体不平等及城乡不平等的现象。

第二节 中国早期城市治理模式的特征与问题

一、中国早期城市治理模式的特征

由以上对中国城市治理模式的阶段性分析可以看出，我国早期城市治理模式形成的历史背景是：中国作为一个发展中国家，城市化起步较晚，城市化进程的历史短暂，相比于经历过漫长工业发展的西方发达国家的城市化，中国的城市化是建立在薄弱的经济基础之上的探索性推进，城市治理实践经验不足。在此背景下，处于不断探索中的中国早期城市治理模式形成了以下特征：

一是早期城市治理理念和目标的物本化倾向严重。在早期城市治理理念中形成“见物不见人”的发展理念，城市治理目标以促进经济发展为主，忽视对“人文性”的建设。新中国成立后急于改变生产力落后局面的迫切需求，造成早期城市治理都以物质文明的建设作为首要目标。在城市治理中，强调物质文明建设，轻视精神文明建设的现象，形成了城市治理中“见物不见人”的治理理念。

二是早期城市治理模式的治理机制僵化，治理效能不高。传统官僚制管理结构，形成城市治理中“条块”分割，管理部门各自为政的碎片化治理结构。条块部门的管理职能重叠和职责不清，导致在城市治理中常常出现与政府部门利益相关领域多头管理、利益无关领域无人管理的混乱现象，城市治理缺乏系统性规划，形成高成本、低成效的治理困境。

三是早期城市治理主体相对单一。在计划经济体制主导时期形成的早期城市治理模式，是由政府用行政命令来推动的治理模式。作为城市治理的唯一合法主体，政府在城市治理中既是政策的制定者，也是相关措施的执行者，其权力边界和权威被无限放大，逐步形成全能型政府的单一城市治理主体结构。

四是早期城市治理模式中治理手段相对保守，限制了治理水平的提高。自上而下的行政治理结构，保障了行政治理手段在城市治理中的高效运行。政府部门习惯于使用行政命令来解决城市治理中出现的问题，基于对传统治理路径的依赖，在城市治理中形成以行政治理手段为主的相对单一的治理方式。治理手段和治理机制的僵化导致城市治理水平总体落后于城市化发展速度的局面，引发了各种城市治理问题。

二、中国早期城市治理模式的问题探寻

基于我国早期城市治理模式形成的独特历史背景，中国的城市治理一直处于不断试错的增量改革过程中，因此在探索中前进的中国早期城市治理模式不可避免地会存在一些问题。

（一）资本逻辑引导下的城市治理目标偏移问题

社会主义国家的城市治理目标，应该是促进城市的全面发展，以便为城市居民提供高品质的生活。然而建立在落后经济条件基础上的城市化，形成了早期城市治理模式中以发展经济为主的“物本化”治理目标，特别是改革开放后，随着市场经济体制的建立，资本逻辑也伴随着市场机制的运行扩散到城市治理各个领域，而当市场的原则侵入伦理领域、政治领域，就会引起城市治理行为的非理性。

首先，资本逻辑推动的“土地城镇化”，使城市化发展目标发生偏移。地方政府为了扩大财政收入，在“土地财政”的利益推动下和基于对 GDP 的追求，走上一条“土地城镇化”的道路。资本逻辑对城市治理目标的异化，导致形成盲目追求经济效益不顾社会效益的城市治理，并出现“土地城镇化”远远快于“人口城镇化”的不合理现象。从 2001 年到 2011 年，地方政府在国有土地出让中的收入从 1 300 亿元左右增加到 3 万亿元[①]，增长了 23 倍。而同期的城镇户籍人口从 3.3 亿增长到 4.6 亿，只增长了不到 1.4 倍。户籍人口城镇化率在 2011 年仅为 34% 左右，其中 2 亿多的流动人口漂泊于城乡之间，处于生活在城市的农村人，“半城市化”人口不仅造成非户籍人口与户籍人口在享受公共服务方面的不平等，同时也形成“城中村”等流动人口密集区域的城市治理难点。

其次，资本逻辑引起城市治理目标中生产和生活的本末倒置，破坏了和谐社会人文环境。资本是市场经济的核心因素，社会主义国家在市场经济体制下，也不可避免地要使用资本，而资本逻辑追求剩余价值最大化的目标，在我国的社会建设中正发挥着双刃剑的作用。一方面，资

① 宣晓伟 . 新型城镇化的逻辑［N］.21 世纪经济报道，2013-3-2（4）.

本逻辑推动了生产力的发展，在其影响下，经济建设取得了很大的进步。资本追逐利润最大化的本性，极大提高了社会生产效率。在短短几十年中，中国积累起了前所未有的物质财富，极大地丰富了社会物质，明显改善了人们的物质生活条件。另一方面，资本在贪婪本性的驱使下不断向资源汇集地的流动，带动着劳动人口呈现出“浮萍化”无序漂泊状态，导致忽视生活的唯 GDP 至上的发展目标偏移问题。资本逻辑的强势影响，改变着人们的生活方式，在资本对生产效率的过度追求中，企业不断增加工作量，迫使劳动者为了赶上越来越快的生产节奏，不得不利用 8 小时工作之外的时间来弥补拖下的进度，加班加点成为正常现象。资本对生产的速度和效率的追求，使当前出现了一个“慢不下来的中国”。城市治理者忘记了推进经济发展的初衷是为了更好地满足生活的需要，而不是不断追求生产效率和高产值，导致出现一天除了 8 小时正常工作时间之外还是不停地加班加点的工作，生活中除了劳动还是劳动的现象。发展生产本来是满足更好生活的手段，而幸福生活才是城市治理的目标，但是早期的城市治理却完全颠倒了目标和手段，以至于出现过劳死、抑郁症等危害人民生命安全的健康问题。生产的高效率，没有使人们获得更多的可以自由支配的休闲生活时间，反而使人们奔忙于劳作，身体素质越来越差。极大丰富的物质财富并没有给人们带来满意的生活，而是带来了快餐式的生活节奏。标准化的流水线生产以及模式化的劳动生活方式，使人们被异化为附属于生产资料的劳动工具，失去了享受生活乐趣的时间与空间，人们迷茫于不知道时间都去哪儿了的困惑。

由于资本逻辑的逐利本性的影响，许多城市在热衷于推动城市经济发展的同时，忽视了城市精神文化的空间和氛围的建构。在西方拜金主义、个人自由主义等价值观的影响下，城市人文环境面临道德滑坡的挑战。人们对他人和社会漠视，对于一些危害社会的事件视而不见，例如因路人的漠视导致错失最佳救助时间而死于车祸的佛山“小悦悦”事件，漠视人的生命安全的“地沟油”“毒奶粉”等恶性事件频繁发生，这些问题的出现，表明城市治理存在意识形态培育缺陷，城市社会价值观多元化、城市公共利益和公共生活空间的缺失弱化了城市公共精神形成的社会基础，不仅破坏了社会良好的人文环境，也引发了城市社会原子化风险。

（二）非理性、滞后的规划引发城市治理失序问题

随着城市化进程的快速推进，聚集效应推动着部分城市的规模不断扩大。传统的城市治理结构，难以应对不断增长的人口和日益复杂的城市治理问题。条块分割的早期城市治理结构无法满足城市系统化治理的要求，出现应急式无规划的无序治理现象。

其一，城市宏观规划的“近视”设计，形成了“千城一面”现象。《规划》指出，“一些城市景观结构与所处区域的自然地理特征不协调，部分城市贪大求洋、照搬照抄，脱离实际建设国际大都市，‘建设性’破坏不断蔓延，城市的自然和文化个性被破坏”。一方面，对经济发达城市的盲目模仿，形成了“千城一面”的“去特色化”城市建设规划。在唯 GDP 至上的城市治理理念引导下，经济发达城市成为各地学习的对象，在城市建设规划中对经济发达城市的盲目模仿，形成全国各地城市不顾本地地方特色，跟风建设各种政绩工程的现象。代表现代化城市发展水平的高楼大厦、欧美式广场，取代了原本承载地方文化特色的建筑成为城市地标性建筑，形成了全国各地模式化的城市规划现象。另一方面，在城市发展规划中，重“硬件”轻“软件”建设的“近视”规划，以及地方文化特色建筑保护意识的缺失，形成了“城市文化丢失型”规划。“据 2011 年底国家文物局第三次全国文物普查统计结果

显示，全国登记的不可移动文物总量中，新发现登记不可移动文物总量为 536 001 处，包括名人故居在内的约 4.4 万处不可移动文物已消失，其中一半以上毁于各类建设活动。”[①] 随着经济发展水平的提高，人们有了改善生活条件的需求，由于缺乏地方文化保护意识，在规划中没有处理好“老城”和“新城”的关系，使得“拆老城，建新城”成为城市建设主要模式，随着老街、老宅等蕴含城市特色文化老建筑的拆毁，以及古树、古广场等传统人文环境的破坏，地方历史文脉被割断，城市记忆消失，邻里社区关系被解构，地方的独特性和人文差异性被弱化，重视“硬件”而忽视“软件”的城市建设规划，不仅形成了城市陌生化的社会解构风险，而且“软件”的丢失还破坏了城市有机体的独特性、差异性，使城市在面对全国性竞争时失去地方“软实力”优势，陷入同质性发展的激烈竞争中。

其二，表现为城市微观公共设施规划的滞后和无序现象。城市的公共基础设施建设需要和城市的发展速度相配套，而现实是由于规划的前瞻性不够，经常出现公共基础设施规划滞后于城市发展速度的现象。例如，因对人口增长速度估计不足而形成的城市公共设施超载现象。城市的公共配套设施的建设严重滞后于人口的增长速度，在特大型城市形成严重的交通拥堵、停车难和人居环境恶化等“城市病”。而由于城市地下公共设施建设规划的滞后性和管理的分散性，导致道路挖了填、填了挖的“拉链马路”现象遍地开花，不合理的规划还带来了下雨就成河的“积水马路”现象，给城市居民的出行造成严重困扰，群众不满情绪积累，容易引发矛盾冲突，破坏城市社会和谐氛围。

其三，表现为公共利益与个体利益矛盾冲突尖锐化的无序现象。由

① 王国平．中国城市化面临的挑战与对策［M］．北京：中国社会科学出版社，2014：227.

于招商引资和对GDP的追求，很多城市不断扩大工业和商业用地规模，以土地城镇化的方式迅速推进城市规模的扩张，使得城区面积远远超出早期城市规划的范围；对郊区农业用地的低成本征用往往忽视失地农民的安置问题，进而引发尖锐的利益冲突。同时，汽车保有量的迅速提高，使早期对街道规划的“近视”弊端集中显现，导致交通拥堵、停车难、城市地下基础设施超负荷运行等“城市病”不断涌现，新的规划在对老城区进行改造时又可能引发拆迁居民和城建部门的矛盾冲突，野蛮拆迁引发的群体性事件曾一度成为威胁城市正常运行的隐患。

（三）主体结构失衡、成效低的城市治理结构和效率问题

中国早期城市治理体制是建立在条块分割的官僚体制基础上的，在治理机制上，城市治理职能部门之间协调性差，管理职能重叠。一方面“条线”上部门执行的是上级主管部门对全国一致的共性管理标准，而“块”上部门执行的是具有城市地方个性的管理标准。当共性与个性管理标准出现矛盾时，部门之间的配合就存在较大的随机性，“条”“块”部门互相牵制，使得相关问题不能得到及时解决，导致让小问题扩大化后再治理的高成本、低效能治理现象。例如，河流污染问题。因为河流既属于流经城市的管辖范围，又属于国家水利部门的管辖范围，在治理河流污染时，如果没有协调好，就会出现小问题时无人问津，等到出大问题时多头并进的无序治理现象。另一方面，传统管制型城市治理模式，在行政体系中形成了城市治理的“倒金字塔”型结构。城市基层成为各种行政命令落实的部门，城市街道在“上面千条线，下面一根针”的多头管理下，工作任务烦琐。同时城市基层治理部门又属于行政体系的末端，不仅行政职权范围小，而且由于编制问题工作人员的配备也不足，造成城市基层治理忙于应对上级命令，无暇顾及基层个性问题的局面。有些基层管理部门只能通过雇用临时工的方式来缓解人员匮乏问

题，基层治理人员素质参差不齐，城市治理的效能也无法保障。此外，管制型治理模式也使得全能型政府变成城市治理的唯一主体，习惯于有问题找政府的城市居民由于缺乏对居住地城市社区治理的主体意识，对于参与城市治理活动表现淡漠。由于缺乏培育和支持机制，社会组织发展缓慢，长期的行政管制型治理造成城市治理主体结构严重失衡，政府不得不背负起全能型治理主体的角色，陷入有限职权无限责任的治理尴尬困境中，导致城市治理出现高成本、低成效，基层治理活力不足、创新性差的被动局面。

（四）单向度的行政化管理引发的城市治理水平与手段提升缓慢问题

行政管制型模式，是以政府行政权威为保障的管理模式。行政治理手段在这样的背景下成为特别有效的治理手段。长期自上而下单向度的行政化治理，一方面形成了城市治理部门对行政治理手段的路径依赖。因为行政手段是好用而且高效的治理手段，城市治理部门失去了采用现代化治理手段的动力。但单一行政治理手段有自己的局限性，在市场经济环境下面对日益复杂的城市治理问题，往往无法发挥作用，例如在违章建筑、违法户外广告的治理中，公共利益与个体利益发生激烈的矛盾，此时单一的行政手段解决问题的力量有限，如果通过法律途径，由法院负责强拆，就可以避免政府与公民个体的矛盾冲突和久拖不决的现象。又如，对于垃圾分类等需要个体配合的城市治理问题则需要通过经济手段，以奖励的方式调动城市居民的参与积极性。由于单一行政治理手段的束缚，法律手段和经济手段运用有限，现代化治理方法的缺位，使城市治理在面对人口迅速增长、人居环境和生态环境日益恶化等城市问题时应对失灵，进而引发各种环境和城市秩序乱象。另一方面，由于采用单向度的行政治理手段，全部治理方案皆由政府这个唯一治理主体制定，难以实现科学、理性的文明治理。赫伯特·西蒙的“有限理性”理论指出：在一定范围内行为体通常是理性的，但他们的学习能力以及获取和处理信息的能力从来不是完整的，他们无法获知所有的备选行动机会，也无法确切预测积极或消极的结果会是什么。[①]缺乏利益相关的城市治理主体的参与，自下而上的信息反馈渠道不通畅，城市治理主体信息获取完整性有限，对现实基层治理需求的反应不灵敏，不能在第一时间发现城市问题出现的源头，进而采取有效措施进行预防。而是在问题出现后才做出反应，使城市治理变成了“头痛医头，脚疼医脚”的被动治理。典型表现就是在工业化发展中走上先污染再治理的道路，不仅浪费了大量的人力物力，而且生态环境恶化，阻碍了城市的可持续性发展。同时，由于缺乏群众的参与和监督，一些城市的地方性法规和规章建设还不够科学、司法体制权责不够明确，加上法制的宣传和教育力度不足，基层民主政治建设薄弱，无法对执政治理行为进行有效监督，因而难以达到科学执政、民主执政、依法执政的文明执政治理要求。

第三节　中国早期城市治理模式问题的成因剖析

通过对中国早期城市治理模式存在问题的探寻，我们明确了在城市治理目标、城市规划、城市治理主体结构和城市治理能力及手段方面都存在不足，而对这些不足和问题产生的原因进行剖析，将为我们进一步完善城市治理模式，形成中国特色城市“文明治理”新模式提供裨益和

① 简·库伊曼，斯维恩·詹托夫特．治理理论与实践：经典议题研究新解［M］．王浦劬，译．北京：中央编译出版社，2017：209.

参考。

一、资本的“野蛮增长”逻辑对城市治理理念的僭越

在治理安排中，理念很重要，因为它们提供了治理的方向并引申出各项治理原则。强有力的理念所呈现的共同承诺和理解，发挥着作为综合性力量——政策制度的黏合剂的作用。① 亚里士多德说：“人们为了生活而来到城邦，为了更好的生活而留在城邦。”可见城市的本质是让人们可以美好生活的地方。然而，由于资本“野蛮增长”逻辑的影响，使城市治理理念发生了忽视“人本性”的以物为本的“增长主义”偏移。

在市场机制的推动下资本逻辑对城市治理理念的僭越表现为工具理性对价值理性的僭越。韦伯将合理性分为价值理性和工具理性。价值理性相信某些行为的无条件价值，并强调动机的纯正和选择正确的手段去实现自己想要达到的目的，而不管其结果如何；工具理性则意味着仅由追求功利主义的动机来驱动行为，利用理性来实现其期望的目标，行动者漠视人的情感和精神价值，纯粹从效益最大化的角度考虑采取何种行为。工具理性对价值理性的僭越表现为：在工具理性的影响下，因出让土地使用权而获得大量城市建设资金的城市政府把握到了“土地资本化”所带来的经济发展契机，因而在以追求 GDP 为首要城市治理目标的“以物质增长为本”的理念引导下，资本的“野蛮增长”逻辑僭越到社会治理价值体系中，形成以物为本的“增长主义”治理理念。

改革开放后，中国城市化的一个突出特点是城市建成区面积的快速增长，而城市人口的增速相对较低，形成“土地资本化”推进城市盲目

① 彼得·J. 梅，阿什利·E. 乔基姆 . 治理理论与实践：经典议题研究新解［M］. 王浦劬，译，北京：中央编译出版社，2017：519.

扩张的“以物质增长为本”的城镇化。据国家统计资料显示：1996 年中国城市建成区的总规模为 2.021 4 万平方千米，2012 年扩大至 4.556 5 万平方千米，增长了 2.25 倍；而同一时期，城镇人口由 3.73 亿人增长至 7.12 亿人，增长了 1.91 倍。[①] 在土地城镇化快速发展的背景下是人口的“半城市化”，即大量的人口流动在城市与乡村或城市与城市之间，据国家统计局发布的数据显示，1982 年全国流动人口为 0.065 7 亿，1990 年为 0.213 5 亿，2000 年为 1 亿多，2010 年为 2.21 亿，2012 年为 2.36 亿人，2014 年达到 2.53 亿，增长速度惊人（见图 3.1）。大量的流动人口因为户籍制度的限制，生活在城市却不能享受与户籍相关的社保、医疗、子女教育等福利，成为在市场中由资本逻辑指挥的随着资本无序流动的“半城市人”。资本逻辑对城市治理理念的僭越，使城市治理目标由为人提供美好生活，变成把人作为推动经济发展的工具，忽视了人的生活品质和人的全面发展的城市治理本质。

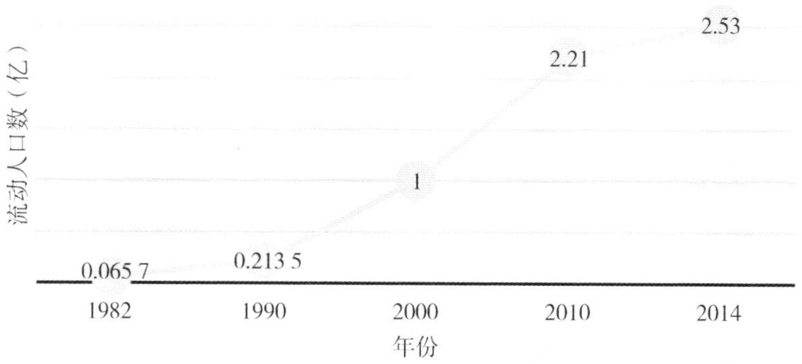

图 3.1　流动人口增长趋势图

数据来源于国家统计局 2019 年 8 月发布的《人口总量平稳增长 人口素质显著提升——新中国成立 70 周年经济社会发展成就系列报告之二十》

① 莫天全，黄瑜. 中国新型城镇化发展理论与实践［M］. 北京：经济管理出版社，2014：11.

二、城市治理法制体系不健全弱化法治手段的运用

城市治理法制化还亟待加强。一方面法律法规不够健全。早期城市治理中法律法规体系不够完备，影响了城市治理的系统性和法制化，软化了对违规行为制裁的处罚力度。另一方面，由于执法程序的烦琐，在城市治理中一般违法违规行为的处罚，往往采用罚款等处罚措施，而原有的城市治理有关法律法规的刑罚，在罚款额度和处罚措施上的力度都比较小，难以对违规人员形成强有力的震慑，“以罚代管”更成为各种城市治理乱象无法根除的主要原因之一。[①] 相比较而言，西方发达国家的城市治理处罚力度则较大，严刑重典推动了公共行为规范的养成。为此，我国 2017 年实施的《建设项目环境保护管理条例》对处罚力度做出修订，特别提出，“违反本条例规定，建设单位编制建设项目初步设计未落实防治环境污染和生态破坏的措施以及环境保护设施投资概算，未将环境保护设施建设纳入施工合同，或者未依法开展环境影响后评价的，由建设项目所在地县级以上环境保护行政主管部门责令限期改正，处 5 万元以上 20 万元以下的罚款；逾期不改正的，处 20 万元以上 100 万元以下的罚款。违反本条例规定，建设单位在项目建设过程中未同时组织实施环境影响报告书、环境影响报告表及其审批部门审批决定中提出的环境保护对策措施的，由建设项目所在地县级以上环境保护行政主管部门责令限期改正，处 20 万元以上 100 万元以下的罚款；逾期不改正的，责令停止建设”。[②] 处罚力度的起步点提高，力度加大，将为较好地改善环境提供制度保障。

---

① 王国平．中国城市化面临的挑战与对策［M］．北京：中国社会科学出版社，2014：122.
②《国务院关于修改〈建设项目环境保护管理条例〉的决定》［EB/OL］．（2017－8－1）http://www.gov.cn/zhengce/content/2017－08/01/content_5215255.htm

三、城市治理体制、机制不完善导致多元主体参与和协调机制缺失

行政管理体制乃是针对问题型的“条条管理”模式，在管理体制上，城市管理各职能部门之间协调不畅，部门之间配合存在随意性，规划、审批、建设、执法、管理、监管等部门分工协作的边界不清晰，规划、建设、管理各环节衔接不畅；没有建立垂直管理部门与属地管理单位互相配合的“块抓条保”有效模式，职能越位、责任缺位现象比较严重。例如，1996 年国务院提出“相对集中处罚权”后，全国大部分地区都设立了城市管理综合执法机构，但不论是国家层面还是省级层面，都没有城市综合执法部门的垂直管理部门。“没有娘家”的城市管理执法部门的身份处境比较尴尬，在一定程度上成为暴力执法、委托他人执法、消极执法以及不稳定等问题产生的根源之一。[①]

城市管理部门之间在管理流程上没有形成“闭合归路”，分工协作边界模糊，各环节衔接不畅。传统条块分割管理模式下的惯性没有彻底消除，由于缺乏操作的基础，城市管理“齐抓共管”的良好愿望反而导致职能部门之间责权边界模糊，职能部门往往从本位主义出发，注重部门利益，“有利大家上，有责纷纷推”，难以形成管理合力。

城市管理公众参与制度不健全，有待开发的民主参与空间很大。“人民城市人民管”是新中国成立之初就提出的非常先进的城市管理思想，但在具体的城市管理过程中，由于缺乏群众参与城市管理的制度保障和渠道建设，好的理念几乎变成一句口号。2001 年第四轮世界价值观调查的数据显示，中国民众参与公益和权益组织的热情远高于现实中的比例。调查结果显示：愿意参与为老人、残疾人、贫困人服务的社会福

① 王国平．中国城市化面临的挑战与对策［M］．北京：中国社会科学出版社，2014：120.

利组织的民众比例高达 56%，但实际上只有 2.9% 的民众参与了这一类型的组织；愿意参加健康组织的民众比例达到 24%，而现实中只有 2.7% 的民众实际参与了此类型的组织。愿意参加专业协会的比例为 3.6%。由此可见，中国民众参与公益和权益性社会组织的比例不高，不是源于民众的冷漠和不关心，而是源于参与渠道的不通畅。[①]2010 年亚洲晴雨表调查中，城乡居民对公共服务的感知数据显示：农村居民对乡县政府的信任均值为 2.029 1，而城市居民对城市政府的信任均值为 1.937 9，农村居民对基层政府的信任度明显高于城市居民。这个结果表明，虽然城市在具体公共服务上做得相对较好，却没有提升城市居民的整体安全感和对政府的信任度，所以，当前迫切需要通过提升城市治理水平，完善城市治理体制、机制，积极拓展参与渠道来激发城市民众的公民参与热情，这将是提升城市治理水平的重要途径之一。[②]

四、行政管理路径依赖和条块治理惯性阻碍治理手段的更新

在信息时代，不断创新的高科技推进了城市治理手段的现代化。在城市治理技术和城市治理工具上，信息化的发展使得广泛运用信息技术、推进“数字城管”、实现管理手段的现代化成为可能。“数字城管”系统运用地理信息技术、空间技术、无线电通信及网络技术等现代科学技术，通过对城市管理对象的数字化，以 1 万平方米为一个单元，将城市划分为若干个管理网格，将管理资源整合起来，构建为城市管理模式，使信息采集、问题处置以及监督评估形成统一的管理链，打造了“闭合回路”的管理新体系。“数字城管”的建立，在城市管理领域引发

① 郭苏建，等 . 转型中国的治理研究［M］. 上海：格致出版社，上海人民出版社，2017：279.
② 郭苏建，等 . 转型中国的治理研究［M］. 上海：格致出版社，上海人民出版社，2017：281、282.

了一系列变革，实现了城市管理从被动到主动、从静态到动态、从开放到闭合以及从粗放到精细的根本性转变。[①]

可是在现实中由于城市治理部门长期依赖于自上而下的行政治理手段，形成了思维惯性，在面对城市治理问题时，首先采用的就是行政治理手段。同时，由于法制建设滞后和市场机制不健全，法制手段和经济手段发挥的作用有限，形成在推进城市治理手段现代化过程中的更新障碍。我国要促进城市治理的精细化、科学化和智能化，就是要加快治理手段的更新，而当前条块分割和机构管辖范围的限制，各部门和机构对数据的保密，使得信息化管理中所需的数据共享出现阻隔，人为形成了"信息孤岛"，使系统性的信息化管理难以实现，阻碍了现代化治理手段的更新和运用。

① 王国平．中国城市化面临的挑战与对策［M］．北京：中国社会科学出版社，2014：142.

第四章
中国特色城市“文明治理”模式的理论构架

通过对中国早期城市治理模式的历史演进逻辑的梳理，我们把握了在特定历史前提下形成的早期城市治理模式的特点和存在的不足。基于早期的探索与实践，中国特色城市“文明治理”模式正逐步形成，本章将对这种模式所具有的时代价值、实践价值、具体内涵和体系结构展开探寻。

第一节　中国特色城市“文明治理”模式的价值探寻

治理模式可以指引治理实践，为解决现实问题提供快速处理方案，这是模式本身内涵的价值，而在中国城市治理实践中逐步构建成型的中国特色城市“文明治理”模式则具备了自身独有的部分价值。

一、构建“文明治理”模式是新时代的价值诉求

中国特色城市“文明治理”模式是在国家逐步重视社会治理的新时代背景下对城市治理模式的探索。在城市治理领域，“模式”与“时代”两者存在相互依存、共同促进的关系。“模式”需要“时代”作为建立的背景基础，与时代相适应的治理模式才能更好更有效地指导实践。而

“时代”的发展则需要良好的“模式”来助推，中国新时代的到来标志着社会主要矛盾的转变，“文明治理”模式将为解决新矛盾中“人民对美好生活的向往”贡献力量，因此新模式响应了新时代的需求，将推进时代的发展。当前构建“文明治理”模式的时代背景是随着中国经济腾飞带来的国家对治理的逐步重视，具体表现为以下几个方面：

首先，是中国经济发展进入“新常态”，国家减少对经济领域的微观干预。2014 年以来，“新常态”的概念被提出，这说明了中国经济的发展状态已经达到了一个较高的水平。在我国成功建立起市场经济体制后，随着这个体制的不断完善，社会主义的经济领域会越来越多地需要遵循市场规律来发展。也就是说，与经济体制改革之前相比，大量投入国家资源，对经济发展的刺激和推动的效率不如以前高。与其费力不讨好地在微观层面“指手画脚”地过度干预经济发展，还不如收缩对经济领域的管理权力边界，减少对经济领域的微观干预，将更多的精力投入到推进国家治理能力现代化的工作中，只在宏观层面把握和控制方向，约束资本逻辑的盲目扩张和野蛮发展，引导经济发展走向合理利用自然资源的可持续性和文明性的发展道路。

其次，推进国家治理体系和治理能力现代化成为全面深化改革的总目标。当前的政府职能转变，是党在历史条件发生变化的新时代背景下，结合许多先进理论，在实践中做出的英明决策，将推进国家治理体系和治理能力现代化作为全面深化改革的总目标表明：在当前，我国的社会治理领域，将会是党和国家投入更多的精力和资源的领域。这个转换的原因在于，一方面在经济体制的创新和改革后，我国社会主义市场经济体制已经被建立起来，并不断进行了完善，在改革开放的有力推动下，国家经济领域的发展取得了非常丰硕的成果，这为中国社会的进一步发展，奠定了良好的物质基础。另一方面，是由于我国社会的治理体系还处于相对薄弱的状态，不够完善的社会分配和保障体系，形成了在社会中贫困和富裕阶层分化、资源分配不够公平、社会的价值追求多元化等社会原子化趋向，不仅直接影响社会稳定，也严重影响党和政府的公信力。越来越多的社会群体性事件，不断激化的党群矛盾和干群矛盾，都是公信力不足的表现。治理能力的提高和治理体系的现代化不仅是对党执政能力的挑战，也是国家继续稳定发展的关键。所以党和政府很有必要在宏观调控经济发展的同时，将更多的精力投入到推进国家治理能力现代化的建设中来。同时，提高城市治理能力，不断改善城市“软环境”也能为经济发展提供优质平台。新制度经济学中提及的交易费用思想揭示，由社会文化等因素共同构成的城市“软环境”，会对交易成本产生重要的影响，当前将资源投入城市治理用以改善城市“软环境”，不仅可以改善社会环境，提高生活品质，还可以大幅度地降低交易成本，能够为经济的发展创造和提供一个良好的可持续发展平台。优良城市“软环境”的打造，将是推进国家治理能力现代化的成果体现。通过进一步完善社会治理体系，不断提升城市治理能力来改善城市“软环境”，增强城市“软实力”，在为人民打造一个优良的城市生活环境的同时，也彰显着国家治理能力现代化水平的提升。

第三，社会主要矛盾发生转变，人民对美好生活的向往成为新时代的价值追求。新时代的到来表明，中国人民追求物质满足的时代已经过去，打造高品质生活的幸福时代已经来临。因此增进民生福祉是当前中国社会发展的根本目的，涵盖人民日常生活事项的民生是人民得到幸福的基础，也是构建社会和谐的根本。国家主席习近平说：“让老百姓过上好日子是我们一切工作的出发点和落脚点。”[①] 这意味着伴随我国社会

① 中共中央宣传部．习近平新时代中国特色社会主义思想学习纲要［M］．北京：学习出版社，人民出版社，2019：6.

主要矛盾的转变，党的领导需要转变前期以优先发展经济为工作重点的思路。在新时代中，面对社会主要矛盾的转变和对执政能力的考验，党的领导需要在宏观调控经济领域健康发展的同时，将更多的注意力投入到维护人民的利益、有力地保障和更好地改善民生等关系人民幸福的社会治理领域中来。城市是国家社会治理的实践平台，是满足人民对美好生活的向往的现实场域，用以指导城市治理实践的中国特色城市“文明治理”模式。正是在这样的社会背景下在不断探索中形成的城市治理模式，它的构建体现的是新时代对城市治理的价值诉求。

二、构建“文明治理”模式是城市治理的实践诉求

城市为人类进行“文明实践”活动提供了公共空间，它也是凝聚、孕育与传播人类文明的现实承载体，更是人类能够在其中得以生存与发展的“文明空间”。在这个空间里，人们自由地进行交流、交往和创造。在这样的空间里展开的城市“文明治理”实践，就是在不断推动城市功能、形态和素质的全面提升的过程中，有力促进城市中人类文明更好发展的一种新类型的“文明城市”建设。中国自 2005 年以来依据《全国文明城市测评体系》展开的文明城市创建活动以及取得的成果，就是中国特色城市“文明治理”模式在实践中推行的可行性依据。中国特色城市“文明治理”模式，是在遍及中国大地的创建全国文明城市的实践中逐步形成的城市治理模式，是正在被中国的城市治理实践所肯定和证明的城市治理模式，是具有较高的可行性和较高的可操作性的城市治理模式。全国文明城市创建的成果、修订新测评体系的实地调研，以及多个城市成功创建全国文明城市的实践案例，都佐证了构建以《全国文明城市测评体系》为载体的中国特色城市“文明治理”模式是现实存在的迫切需求，体现了当前城市文明治理的实践诉求。

佐证一：全国文明城市创建的成果和实地调研反馈

20 世纪 90 年代末，全国文明城市（城区）创建活动的实践探索在中国大地的各省市区展开。中央文明委在 2005 年颁布了《全国文明城市测评体系》（以下简称《测评体系》），进一步推进了各地的创建活动热情，我国先后参加全国文明城市（城区）创建活动的省会城市有 31 个，副省级城市有 15 个，地级城市有 70 多个，县级城市有 20 余个，还包括 4 个直辖市中的 30 多个城区。随着每三年进行一次评选表彰的创建活动的开展，参与创建“文明城市”的工作和活动，已经渗透到城市（城区）基层的千家万户。“文明城市”被大家认可为全国城市治理最高的综合性荣誉，代表着高水平的城市治理成果，它基本上已成为由全体市民共同参与建设并共同分享建设成果的城市文明创建活动。

全国文明城市创建的实践成果表明，在有标准可供参考的前提下，城市文明治理有了可行的“操作手册”。在操作手册的指引下，经过五个批次测评，先后有上百个城市（城区）获得过全国文明城市这一荣誉称号，经过循环淘汰，截至 2020 年，共有 89 个城市获得并保留着全国文明城市的荣誉称号。“文明城市”成为这些城市最靓丽的名片，这些文明城市的成功创建，以及这些城市从创建前的部分不达标到创建后的城市治理全面达标，用切实的实践表明“文明治理”确实能带来城市形态文明、城市功能文明、城市素质文明的全面提升，市民感受到生活质量有了明显的改善。历届获评全国文明城市的城市数量不断增长的数据显示（见图 4.1），以全国文明城市创建活动为现实载体的“文明治理”模式正在逐步形成，它将为城市文明治理提供有效的理论指导和范式参照，构建并完善中国特色城市“文明治理”模式已成为全国各个城市文明治理的实践诉求。

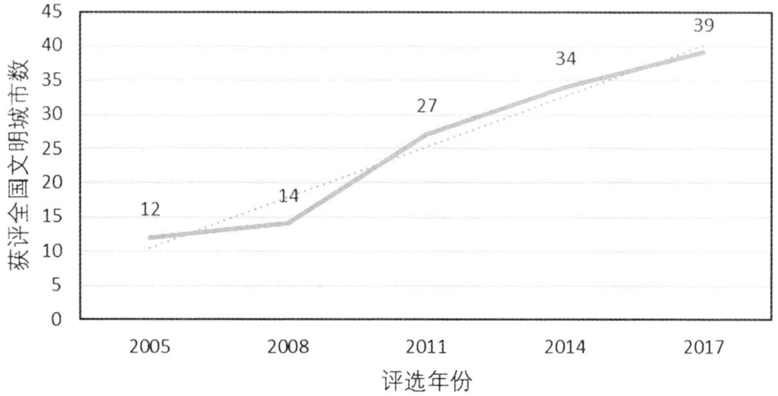

图 4.1　历届获评全国文明城市的城市数量趋势图

图片来源：根据历史数据自制

笔者有幸参与了 2015 版《测评体系》的修改调研工作，在四川、广东两省调研期间，走访了成都、遂宁、西昌、惠州、河源、博罗等市（县）的 9 个社区、6 处政府服务窗口、4 所学校、6 个公园广场、3 个主题街区，召开座谈会议 6 场，与 180 多名党政干部、专家学者和群众代表进行了面对面交流，听取了一系列意见和建议。在两个省，六个地市县的实地调研的总体情况反馈为：各地普遍对创建体系评价很高。各地主要负责领导都反映说有了这个测评体系，各项工作就有了抓手，甚至有市长说，很感谢市文明办向市政府要创建经费，因为人们知道只要是创建经费用出去了，整个城市的素质就会有提升，无论是城市外在的市容市貌，还是内在的城市市民的精神面貌都将会有本质的改善。

调研组所到之处，无论是党政领导，还是基层干部，无论是企业职工，还是社区居民，都充分肯定创建工作的实际效果。普遍认为创建全国文明城市有努力目标和建设方向。许多地方把创建文明城市纳入经济社会发展总体规划，把创文明城市作为指挥棒，用创建活动来动员全市各方面的力量，使大家稳扎稳打，形成合力步步推进，朝着创建活动的目标努力奋斗。创建活动坚持为民办好事、做实事，在改善民生方面舍得投入，城市面貌、公共秩序、社会服务都有了明显提升，使人们生活的城市变成了一个温暖的地方和有口皆碑的好地方，让市民也切实感受到周围环境的巨大变化。具有特别价值内涵和人文精神的文明城市的创建活动，一直将提高市民素质及城市的文明程度作为建设工作的重点，不仅增强了基础设施等硬件的建设，而且也把加大人文环境等软件的建设提高到一个新层次。大力开展的思想教育、舆论引导和专项整治等活动，不断凝聚和传递着社会的正能量，集中力量构建让人变得更加善良，让城市变得更加美丽，让社会变得更加和谐的优良城市“软环境”。

佐证二：海口市成功创建全国文明城市的实践案例

海口市是海南的省会城市，曾经是文明治理水平相对较弱的城市。经过近十年的全国文明城市创建，城市治理水平取得了显著的提升，获得第五届全国文明城市荣誉称号。在 2019 年 3 月中央文明办公布的 2018 年对省会（首府）、副省级全国文明城市年度测评结果显示：海口在 28 个省会（首府）、副省级城市中排在第 15 名[①]，海口市的城市文明治理水平获得了全国的认可。海口用全国文明城市创建的实践历程和获得的成果，为构建中国特色城市“文明治理”模式的现实价值提供了有力佐证。

1. 文明治理推进之前的状况

依据文明治理推进之前海口市各单位的报送情况，对照《测评体系》中的文明城市 235 项测评标准，海口市达标 137 项，占 58.3%，基本达标 53 项，占 22.6%，不达标 45 项，占 19.1%；对照《全国未成年

① 计思佳. 全国文明城市创建 2018 年测评结果出炉：海口排第 15 名，来源：海南日报客户端［EB/OL］.（2019－3－20）http://www.hi.chinanews.com.cn/hnnew/2019-03-20/486074.html

人思想道德建设工作测评体系》的 25 项测评标准，达标 6 项，占 24%，基本达标 13 项，占 52%，不达标 6 项，占 24%，是一个文明治理水平相对较差的城市。

2. 存在问题的原因分析

经过深入调研，海口市明确了出现差距的主要原因为：一是文明治理体制机制不完善。没有建立起“全市一盘棋、齐抓共管”的领导机制和工作机制，部分职能部门对文明城市创建重视不够，多数敷衍应付，责任不落实。二是投入不足。财政安排文明城市创建经费很少，自 2011 年海南文明大行动后才安排专项经费，但都远远低于其他省会城市。三是城市的公共基础设施建设相对落后。主要表现在图书馆、科技馆、档案馆、街道综合性室内文化场地、社区未成年人活动场所、人均公共体育设施面积等文化设施，都与考评标准有差距；老城区道路路面破损，功能不齐全。四是城市管理不到位。“牛皮癣”一样的路边小广告，随意占用道路的经营，没有规划的胡乱搭建，以及没有约束的乱扔垃圾等现象，正成为严重影响城市形象的问题。五是全民参与热情不高。创建活动的市民知晓率和支持率都不高，市民的文明素质相对较低，不文明的行为普遍存在于城市的各种场所。六是存在条块分割的问题。一些条管单位没有参与市级文明治理工作的积极性，治理工作协调困难，配合度不够好。

3. 城市文明治理全面展开的措施

经过对比，海口市对于三年后达到测评目标的任务有了明确的认知，也对海口市在功能文明、形态文明和素质文明的差距有了深入的把握。对照《测评体系》和现实状况所得出的诊断结果，海口市对不达标的指标进行逐项落实，全面推进了城市的文明治理。

一是制定“创城”三年规划和年度计划。创建活动规定每三年进行一次全国文明城市的评选，三年分值比例分别为2∶3∶5，这就意味着不能只把力量集中在第三年进行“重点突击”。三年创建，每一年都是关键年，每一年都不能松懈。海口市在创建伊始就加强了统筹规划，明确了“创城”的路线图、时间表。以诊断的问题为导向，以《测评体系》为引领，认真制定总体的《海口市创建全国文明城市2015年—2017年规划》和细分到每年的年度计划，树立提高市民素质和城市文明程度的远大目标，通过扎实的工作确保了“创城”活动的有序推进。

二是完善领导体制和工作机制。成立海口市“创城”领导工作小组，由市委书记亲自担任组长，由各职能单位的领导，共同组成创建全国文明城市工作的领导小组。在工作考核中强化关于文明城市创建工作的考核力度，将创建工作成效纳入领导班子和领导干部的年终考核之中。确立由“一把手”负总责的责任目标机制，在考核中实行一票否决的制度，对有些单位“一把手挂帅不出征”的状况进行严格监督，切实改变以往的不良状况。进一步完善工作机制，落实市“创城”领导小组的要求，每个月召开一次创建领导小组会议，每个季度必须召开一次创建工作点评会，每年的年底召开文明城市创建总结会，对出色的创建工作进行表彰。

三是改进治理手段，推进城市精细化管理。海口市以文明城市为抓手，实施三大工程，推进城市精细化管理。首先，实施基础设施建设工程。采取的措施分别为：对照《测评体系》，有针对性地调整财政资金投入方向，加大投入力度，全力推进街道立面、路面管网和城中村改造；完善各社区基础设施配套，打造宜居环境；完善公交基础设施，增设停车场或停车位，改变乱停乱放状况；着力解决老城区小街小巷的硬化、亮化、排水、排污等问题，改变城市脏乱差现状；不断对图书馆、博物馆、档案馆、文化馆、美术馆以及科技馆等文化场馆设施进行完善。其次，实施城市管理精细化工程。以六大专项整治为主要内容，完善城市管理考核方式，着重加强占道经营、夜间烧烤等城市管理顽疾的整治，进一步推动城市精细化管理。最后，实施文明素质提升工程。围绕中央文明委部署的重点展开工作，强化社会主义核心价值观的培育和实践履行，在城市之中倡导文明行动，通过学习宣传道德模范和身边好人，开展家庭、家风、家训教育活动，提升市民的文明素质。

四是建立文明治理激励机制。文明单位是“创城”的细胞和具体组织实施的个体，是“创城”的先锋队和主力军。《测评体系》关于文明单位的激励约束机制已有明确规定，按照《测评体系》要求，参照其他城市做法，海口出台了文明单位的激励约束机制，对被评为各级文明单位的干部职工给予一定的物质奖励，使每个单位（社区）的积极性都真正调动起来。同时，抓好动态管理，明确相应的“创城”工作义务和责任，使之既做好本单位（社区）的文明创建工作，又积极投入到全市“创城”工作中去，以点带面全市铺开。

五是完善城市文明治理体系，构建多元、开放、协调的治理主体结构。通过突出“为民、利民、惠民”的活动导向，激发市民积极参与文明创建的热情。以志愿服务活动为抓手，组织实施“全民公益活动”，发动全市干部群众积极参与创建活动；发挥社区网格员的作用，常态化开展入户宣传，提高群众知晓率和支持率；充分发挥各类媒体的作用，广泛开展创建全国文明城市宣传，加强舆论监督，形成“创建靠民、创建为民”的良好氛围。创新公益广告发布方式，在城市规划和治理中充分考虑公益广告位建设，采取市场运作模式，解决资金不足问题，加大公益广告投放力度。

以“创城”为第一要务整合创建资源。将市委宣传部、市文化局、市属媒体和市总工会等体制内的文宣部门和群团组织力量凝聚起来，要求各部门和组织在开展各自的本职工作的同时，将全国文明城市的创建工作作为第一重要的事务来对待，突出以“创城”活动为主题，下大力气把《测评体系》中的各项测评标准，细分并转变成常态的工作目标，调动各方面的力量，互相配合共同开展创建工作。《测评体系》涉及发改委、市政市容委等全体单位，都必须不折不扣地完成自己所担负的任务，全市上下形成“一盘棋”的创建合力。

六是强化督查和考核机制，提高“创城”执行力。海口市成立“创城”（六大专项整治办）督查组，强化了督查工作，做到及时发现问题，有效推动问题解决。对工作不努力，存在突出问题的责任单位进行通报、问责，并调整该单位的主要领导人员；充分发挥各职能部门、各区自我督查的作用，将文明城市创建工作纳入各区、各部门年度绩效考评；每季度对各区和各部门系统开展一次测评，测评成绩在新闻媒体上公布，测评发现的问题印发通报督促整改。

海口市成功创建全国文明城市的实践案例表明：在中国特色城市“文明治理”模式的指引下，城市治理有了新的理念指导，城市治理实践工作有了明确的目标。在对标诊断出城市治理存在的问题与差距的基础上，城市治理实践工作机制和措施都有了进一步的完善和改进，最终达成了推进城市形态文明、功能文明和素质文明建设的治理目标，为市民营造出一个良好的社会环境，大幅度提高了市民的生活品质，城市治理水平与效能均得到显著提升。海口靓丽的创建实践成果证明中国特色城市“文明治理”模式，是在我国现实中行之有效的城市治理模式，构建这样的治理模式，体现着中国城市治理实践的价值诉求。

三、构建“文明治理”模式是城市治理的中国方案

随着城市化的历史演进，世界历史中先后出现四种范式的城市，从最初以发展商业贸易为主的商业城市，到以发展工业为主的工业城市，到兼顾工业发展与生态平衡的生态城市，现在正逐步走向以精神文明等

五大文明全面发展的文明城市范式。

由前文的描述可知，城市治理模式是在不同的历史背景下，基于当时的特定治理条件和治理问题而产生和形成的治理模式。针对不同条件下形成的城市范式，城市治理模式也必将随之产生改变和革新。当前，城市处于从工业城市范式走向生态城市、文明城市范式的转型时期，城市治理面临着的挑战发生转变，在相同的城市范式中，世界各国城市面对的挑战彰显着各种个性特色，但同时也存在许多共性的特点。目前，处于快速城市化阶段的城市，在城市治理中面临的共性问题是普遍存在的四大挑战，例如城市环境污染、城市交通拥挤、城市人口问题、城市公共空间问题等。面对城市治理的共性问题，各国学者纷纷展开研究，提出了各种不同的治理方案，并构建出多种多样的城市治理模式。在新时代，探索和研究中国特色城市“文明治理”模式，展现的是在面对城市治理共性挑战时，中国采取的应对措施，经过研究分析所提炼出的中国方案可以为应对世界城市治理共性问题提供参考。

中国特色城市“文明治理”模式是我国在城市治理领域实施变革后获得的成果。由于在各个时代，城市面临的治理问题各不相同，所以不存在一成不变的城市治理模式，也不可能存在适应任何国家、地域和时代的万能的城市治理模式。探索新的城市治理模式，并不是要全盘否定早期城市治理模式，而是要做出辩证的、存优去劣的扬弃。随着社会转型等时代背景变迁，早期治理模式在应对新问题、新情况时出现部分治理失灵的状况，变革旧模式是针对与时俱进的实践需求展开的新探索。B. 盖伊·彼得斯认为：“如果改革能够有组织、有计划地进行，那么这样的改革更可能产生有效的结果。”[①]中国特色的增量改革方案，特点就

① B. 盖伊·彼得斯. 政府未来的治理模式［M］. 吴爱明，等，译，北京：中国人民大学出版社，2012：14.

在于先在试点推行进行局部变革，取得成功经验后，进而在全国推行形成全局质变。中国特色城市“文明治理”模式，是在总结多年优良经验的基础上，由量变积累成质变所形成的新模式。它的生成机理是：在城市治理实践中，通过探索不断对早期治理模式进行总结和局部改造，每5年左右进行一次全国调研，在调研基础上对《测评体系》进行动态调整，使其能够不断适应新情况，预见性地解决城市治理问题，在实践中发挥更好的指引作用。

在中国特色城市“文明治理”模式指引下的城市治理运行逻辑为：在实践调研的基础上，由中央文明委牵头形成一套包含了国家42个部委办指标的科学《测评体系》，形成全国文明城市创建的标准，各地以此测评标准为依据，在具备初步创建条件的城市中展开有组织有计划的城市治理变革。也就是说，这种城市治理变革是以创建文明城市为目标，在治理实践过程中以文明城市测评体系为操作手册，容纳了中国国家治理上层设计的城市治理模式，这种治理模式的运用使参与文明城市创建的城市在“硬环境”建设和“软实力”提高方面都取得了让老百姓看得见、摸得着的改变。成功获评为“全国文明城市”的城市在城市形态、功能及素质的改变，以及百姓对周边生活环境改善的好评，证明了这种城市文明治理模式在现实中推行的有效性，因而可以称为是具有中国特色的城市治理方案。

第二节　中国特色城市“文明治理”模式的理论界定

中国的文明城市是指在国家全面建设小康社会的背景下，在社会主义的现代化建设推进到新的发展阶段时，能够在经济领域和社会建设的各项事业中取得全面进步的城市，是能够促进物质文明、精神文明等各项文明建设协调发展的城市，是在精神文明建设中取得特别显著成就的城市，也是全体市民素质及文明程度较高的城市。在中国，文明城市是当前具备较高治理水平的城市代表，文明城市创建活动所取得的成果，使得全国文明城市正在成为引导中国城市化和现代化建设的理想范式。在此基础上，在文明城市创建的过程中，通过对城市治理实践的不断探索，我国正在逐步形成一种具有中国特色的城市“文明治理”模式。

一、中国特色城市“文明治理”模式的内涵

中国特色城市“文明治理”模式，是以马克思的“文明实践论”为理论依据，在中国特色社会主义理论的指引下，以“文明”为核心内涵和价值取向，在党建引领下，由政府统筹协调，以推进社会全面进步，实现人的全面发展为终极目标，人人参与的覆盖城市政治、经济、文化、社会、生态全方位建设的系统化城市治理模式，是依据中国社会矛盾、社会问题与社会风险的最新变化和特点，在探索正确应对新挑战、处理新变化和适应时代新特点的基础上形成的城市治理模式。这种模式具有三个层面的内涵：

（一）党建引领下的“文明治理”模式

中国特色城市“文明治理”模式的党建引领包含理论引领和机制保障两个方面。一方面，中国特色城市“文明治理”模式是依据“文明实践论”在中国特色社会主义理论的引导下形成的模式。首先，“文明治理”模式是以马克思的“文明实践论”为理论依据的治理模式。马克思认为，“文明是实践的事情”。换句话说，即文明具有实践性的范畴。在实践中，人通过努力创造了文明，而反过来人的价值也被文明成果所确证，人的素质也由文明来塑造。在文明的引导下，人类走出了原始社会

野蛮的生存状态，人类的生存方式与发展方式的品质也得到大幅度的提升。特定的文明生活条件、规范、习俗、关系、内容和观念等生活要素共同构筑起文明的生活方式。有了文明的生活，人就与动物区别开来，文明的生活也成为人类不同时期的文明发展水平的标志。因此，以提高人类生活的水平、质量及其发展程度为目标的城市治理就是一个在实践中不断提升城市文明程度的“文明治理”过程。其次，“文明治理”模式是在中国特色社会主义理论的指导下形成的治理模式。中国特色社会主义的伟大事业，其总体的布局随着社会现实状况的改变不断完善，经历了从“一个统帅”“两个文明”“三大纲领”“四大建设”到“五位一体”的发展过程。[1] 在对中国改革开放的伟大历史进程和宝贵经验进行科学总结的基础上，党的十七大报告提出的“科学发展观”特别强调了发展的核心是为了人，发展要兼顾人与环境的和谐共存，其中初步体现了治理的文明内涵。党的十八大提出了在社会主义初级阶段建设“五位一体”的奋斗目标，“五位一体”包括物质文明、精神文明、政治文明、社会文明和生态文明，这个总体布局更进一步明确了“文明治理”的内涵。由这个发展历程可见，文明发展一直是被不断强调的内容。因此，中国特色城市“文明治理”模式，正是在不断创新的党的理论指引下逐步形成的治理模式。

另一方面，党建引领主要体现在党建治理机制方面。党建作为一种治理机制是中国特有的城市治理机制。其独特性在于党建的行政和组织覆盖性，使党建在中国社会治理中发挥着独特的作用，始终处于具有战略性地位的高度。在中国情境下党的组织优势和富有弹性、黏合力的政党运行机制，在解决中国城市治理所面临的“条”的全国统一标准要

① 杨波等．“五位一体”总体布局的思想意蕴［N］．新华周刊，2018-6-19.

求，和“块”的地域特色发展要求发生冲突的“两难”问题中发挥着独特的作用。党建可以凭借自身独特的优势将“条”和“块”的负责人员组织到一起，协调“条”和“块”的矛盾，为达成共识提供组织平台。同时，党建的群众覆盖性优势使得当前在城市的多元治理结构中，通过党建引领可以形成政府、社会组织、社区居委会及居民等多方协作的良性互动关系，为城市治理主体之间的分工和配合提供有力保障，为合作各方提供组织和交流的平台。党建治理机制在基层民主和协商民主治理领域，对于在城市治理中推进民主治理模式的践行，对于自下而上的民主参与和公众的主体性地位的建立发挥着强大的引领作用。

（二）政府统筹协调的“文明治理”模式

中国特色城市“文明治理”模式是由政府统筹协调的治理模式。在“文明治理”模式中，行政机关是城市治理的法定治理主体。在公共需求全面快速增长、需求领域不断延伸和扩展、需求结构迅速变化、需求主体变得多样化和个性化、需求内容日益精细化的时代背景下，政府等行政机关遵循效率与公平的原则，通过统筹协调来处理各种公共问题，管理公共事务；在宏观层面统筹规划、协调城市治理相关事务；基于统筹发展的思路有效发挥政府职能，在区域产业发展、社会事业、公共服务供给、社会保障体系建设等几个方面加大工作力度，特别是在义务教育、公共医疗、贫困救济、就业政策、社会保障、公共安全、环境保护、社会公平等方面采取措施，推进了社会建设。

（三）人人参与的“文明治理”模式

“文明治理”模式是系统化的城市治理模式，它是覆盖了城市政治、经济、文化、社会、生态全方位建设的城市治理模式；是依据中国社会矛盾、社会问题与社会风险的最新变化和特点，在探索正确应对、处理新变化和时代新特点的基础上形成的城市治理模式；是以推进社会各方面整体进步，实现人的全面发展为终极目标的城市治理模式。作为系统化的治理模式，广阔的覆盖面体现为治理内容与全体城市居民息息相关，所以社会化的人人参与势在必行，因此，党的十九届四中全会进一步强调：“要坚持和完善共建共治共享的社会治理制度”“建设人人有责、人人尽责、人人享有的社会治理共同体”[①]。作为治理基础理论的协同论也告诉我们，如果管理系统内部的人、组织和环境等各子系统之间相互协调配合，围绕着共同的目标齐心协力地运作，就会产生 1+1>2 的协同效应。如果管理系统内部相互掣肘、离散、冲突或摩擦，就会造成系统内部的损耗增加，阻碍各子系统发挥其本应具有的功能，结果就是让整个系统都陷入混乱无序的状态。在中国的城市治理系统中，“文明治理”模式要求将城市中的人、组织、环境协同起来，共同围绕将城市治理好这个目标齐心协力工作，全面提升城市的总体文明程度，实现当前城市的“文明治理”实践目标，所以它是一个要求人人参与的模式。

二、中国特色城市“文明治理”模式的鲜明特征

中国特色城市“文明治理”模式是不同于早期城市治理模式的新模式，它具备三大特点。首先，它是以“文明”为核心内涵和价值取向的治理模式。“文明治理”将以制度化方式对社会各类主体的社会行为进行文明化规范，进而对纷乱复杂的现代社会生活实施结构性重塑，以期构建一种新的社会生活秩序。将“文明”打造为行为的正当性审查（滤网）[②]，以“文明”为价值尺度来对社会各类主体的一切社会行为进

① 中共中央关于坚持和完善中国特色社会主义制度推进国家治理体系和治理能力现代化若干重大问题的决定［N］. 人民日报，2019-11-6.
② 克利福德·格尔茨. 文化的解释［M］. 韩莉，译，北京：译林出版社，2014：5.

行设置和裁切，从而实现对社会生活的规范和引导。以制度化的方式，将“文明”融入价值判断、价值评价、价值选择和价值实践，推进“文明”这一价值取向得到整个社会的高度认同，进而使“文明”成为社会共享的价值取向，对社会各类主体的社会行为和思想意识发挥着形塑作用，并将内在的文明素养外化为在社会生活中文明的公共行为和公共环境。

其次，它是基于对城市治理现实问题的根源性诊断而形成的城市治理模式。中国特色城市“文明治理”模式，是以推进社会进步，实现人的全面发展为终极目标，依据社会矛盾、社会问题与社会风险的最新变化和特点，探索正确应对新变化和时代新特点的模式。中国特色城市“文明治理”模式通过更新城市治理理念、目标和手段，完善城市治理机制，健全城市治理主体结构来不断提高治理水平，逐步修正前期建立在粗放型经济发展基础上的快速城市化所引发的交通拥堵、环境污染、社会失序等不文明后果，着力于构建政府权力范围有限、市场作用有边界和社会组织发育良好的治理模式，是政府、市场和社会组织三方有机协调、相互约束，通过良性互动来共同推动社会文明发展的城市治理模式。

最后，它是强调系统性和平衡性的城市治理模式。中国特色城市“文明治理”模式是覆盖社会全方位建设的系统化城市治理模式，“五位一体”的治理强调的是各方面协调、平衡的发展，而非仅突出其中一面忽视其他方面的不平衡、不充分发展。这种系统性和平衡性通过《测评体系》的指标得以量化，而以实地调研为依据的《测评体系》指标的不断优化更新，保障了对城市治理问题诊断的科学性，提高了城市治理实践中依据《测评体系》进行文明治理的可操作性和可衡量性，进而推动了城市治理过程中系统性和平衡性的落实。

第三节 中国特色城市“文明治理”模式的体系结构

中国特色城市“文明治理”模式体系结构强调：城市治理理念的“文明发展”价值导向；城市“文明治理”实践目标的系统化；城市治理机制的“文明治理”方向；城市治理主体的多元化和文明化；城市治理结构的开放、灵活及协调化；以及城市治理手段的智能化、精细化和社会化。剖析中国特色城市“文明治理”模式体系结构可从四个方面展开。

一、中国特色城市“文明治理”的理念导向

思想是指引发展的决定性因素，在不同的理念指引下，城市治理将会走向不同的方向，形成不同的模式。中国特色的城市治理价值导向，具有不同于西方发达国家的独特性。中国的城市治理是基于中国特色社会主义理论基础上的城市治理，城市“文明治理”的理念来自马克思主义的科学社会主义社会建设理想，形成于中国城市治理实践，是建立在中国现实国情的基础上，将马克思主义理论不断运用于中国城市发展实践的开放创新的过程中形成的“文明发展”理念。中国特色城市治理模式是在“文明发展”理念的指引下，在持续进行的实践探索过程中形成的开放动态的治理模式。自1949年新中国成立后，我国的城市化大致经历了三个阶段：1949年—1978年新中国成立初期的百废待兴起步阶段；1978年—2014年的快速发展阶段；2014年以后随着新型城镇化建设而开启的文明发展阶段。基于不同阶段城市化发展进程面对的现实国情，作为中国城市治理理念引导层面的城市治理价值导向也在不断

发生转变，由最初以国家稳定为目标的政治导向，经历以改善物质条件为目标的经济导向，正逐步走向“以人的全面发展为核心”的文明发展道路。

中国城市治理的“文明发展”导向凸显的是治理的价值内涵，其所回答的是城市治理的宗旨和目标问题，让大家进一步明确城市治理是为了什么？城市治理的目标是什么？这些答案将为衡量中国城市治理所达到的文明程度提供参考标准。城市治理是当前国家治理现代化推进的实践活动载体。新中国成立后，我国城市治理的价值取向不断转变，经历了从“以稳定为本”“以物质增长为本”到“以人为本”“以人民利益实现为本”“以人的全面发展为本”的文明发展变化，这既是国家推进社会进步的发展观的转变过程，更是对城市治理价值理性的逐步确定。这些历程表明“文明发展”的价值理性，是在社会建设的实践中不断被认识和把握的。

改革开放之初，邓小平对社会主义“共同富裕”本质的认识，表明改善人民的物质生活条件，应该作为我国社会发展的首要目标之一。“贫穷不是社会主义”的社会建设指导思想，意味着在改革开放早期，我国的城市治理是以不断改善和丰富物质财富，提高人民的生活水平为目标的。虽然根本还是为了人，但物质极度匮乏的现实使得城市治理在强调经济发展时往往忽视了“人”的因素。为此“三个代表”重要思想指出：党要“代表中国最广大人民的根本利益”，重新强调了发展是为了人民的宗旨和目标，然而经济发展热潮却推动中国城市治理走向不断追求 GDP 增长的经济“增长主义”发展道路。导致在经济建设取得举世瞩目的成就的同时，面对粗放式发展的高速城市化进程所带来的各种阻碍城市持续发展的问题，我党在科学总结改革开放宝贵经验的基础上，凝聚出“科学发展观”，其中明确指出：科学发展，第一要义是发展，核心是以人为本，基本要求是全面协调可持续，根本方法是统筹兼顾。进一步强调了发展的核心是为了“人”，发展要兼顾人与环境的和谐。党的十八大又提出“五位一体”的建设总布局，为让人民获得良好生产、生活环境，以及实现中华民族的永续发展提供了保障。党的十九大则更进一步在科学概括改革开放所取得的伟大成就的基础上指出：“中国特色社会主义进入了新时代”，新时代的主要矛盾已经转变为人民日益增长的美好生活需要和不平衡不充分的发展之间的矛盾。进一步明确必须坚持以人民为中心的发展思想，强调发展的目标在于不断促进人的全面发展，在于实现全体人民的共同富裕。由此可见，“文明发展”理念是在现实社会建设实践中，通过不断摸索如何妥善处理“人本性与自然性”之间、“经济性与人文性”之间以及“实效性与科学性”之间的矛盾关系的过程中逐步形成的。因此，“文明发展”导向的中国特色城市治理理念包括了三方面的协调发展价值取向。

第一，人本性与自然性和谐发展的可持续价值取向。人来自自然又高于自然。人在对自然界形成一定的认识之后，为了生存和发展所采取的行动，就可能会和其所处的自然界形成矛盾与冲突。对于人和自然的关系，前人提出“奴仆说”或“主人说”，其实都扭曲了人与自然的关系，也曲解了“人本性”和“自然性”的关系；其实这两者是对立统一的关系，人与自然应该是互相依靠，和谐共存的关系。近现代以来，在“文明发展”实践中，人们开始对两者的关系形成了正确的认识，改变了对立的态度，将社会发展的价值取向从“以物质增长为本”转变到“以人为本”的方向上来，形成了人与自然之间，和谐共存、协调发展的“文明发展”价值取向。

第二，经济性与人文性统筹兼顾的全面发展价值取向。强调社会发展的“经济性”，直接表达出的是“以物质增长为本”的价值取向。不可否认的是经济的增长是实现“以人为本”价值取向的物质基础。在经济领域，以物质增长为本的发展取向和以人为本的价值取向存在矛盾和冲突，在现实中表现为“经济性”与“人文性”之间的矛盾。“经济性”导向会将人异化为“经济人”，使之成为推动“经济增长”的工具，进而影响人的意识和行为，形成对人的“人文价值”的不断弱化。然而，物质条件的不可或缺性，决定“文明发展”又不可能不以“经济增长”为基础。因此在“文明治理”实践中，正确认识与把握“经济性”和“人文性”之间的对立统一关系，是实现用“文明发展”理念来引导城市治理方向的关键。

第三，实效性与科学性相协调的理性发展价值取向。“文明发展”的价值理性，包含着发展要有实效性的导向，也就是说，“文明发展”需要注重城市治理的“有用性”和“成果性”，必须以“文明发展”的成果，诸如发展给城市带来的城市形态、结构及治理相关数据的变化等成果来验证“文明发展”的实效性。因此，要在对“实效性”有一个科学认识的基础上对其进行评估，而在现实中这样的评估是一项庞杂的工作，需要采用科学、系统的方法来进行考评。在这个过程中，人们往往会把“实效性”简化为“实用性”“有用性”，将只惠及部分人、部门和地区的部分“实用性”，以及带来“泡沫”发展及虚假繁荣的虚假“有用性”当作“实效性”进行价值评估，忽视了发展的“科学性”。这种背离了“文明发展”科学性的“实用性”“有用性”价值取向，实际上是偏离了“当下”的“文明发展”实践，走向了发展的“实用主义”。因此，要正确把握和认识“文明发展”实践中的“科学性”与“实效性”之间的关系，保证发展过程中“科学性”对“实效性”的引导，进而实现城市治理的科学的、有实效的“文明发展”。

二、中国特色城市“文明治理”的主体结构

新中国成立初期落后的城市化起点和改革开放初期不成熟的快速城市化，需要强有力的政府引导。鉴于改善新中国成立初期所面对的资源短缺的现实国情和工业化初期资本积累的野蛮逻辑影响，在城市治理中，政府成为垄断执法权和管理权的唯一主体，形成了封闭单一的行政主体治理结构。在“强政府——弱社会”的早期城市治理模式中，政府权威是治理目标实现的保障，自上而下的行政命令是城市治理的最有效手段，在城市治理中社会力量完全被忽视。这样的城市治理主体结构在面对城市治理内容日益复杂的情况时，只能通过不断增加职能部门来应对不断变化的城市治理难题，渐渐形成机构臃肿、治理成本高、治理效能低的被动治理局面，这也是当前提出转变政府职能的现实前提。

20 世纪 90 年代，西方学者基于对新公共管理和新公共服务理论的整合形成了治理理论。这一理论随后被中国学者引进，并运用于我国的经济、政治和社会学领域，俞可平在《治理与善治》一书中介绍了治理概念，并指出治理的高水平体现为“善治”，他认为，“善治就是使公共利益最大化的社会管理过程，善治的本质就在于它是政府与公民对公共生活的合作管理，是政治国家与市民社会的一种新型关系”。[①] 随着城市问题的多样化和城市发展状态的复杂化，治理理论很快被运用到城市治理领域，形成城市治理主体结构变革的理论基础。联合国全球治理委员会对治理概念的界定指出，“城市治理”是指在城市范围内，政府、私营部门、非营利组织组成相互依赖的多主体治理网络，在平等的基础上按照参与、沟通、协商、合作的治理机制，在解决城市公共问题、提供

---

① 俞可平 . 治理与善治［M］. 北京：社会科学文献出版社 .2000：5.

城市公共服务、增进城市公共利益的过程中相互合作的利益整合过程。由此可知，多元主体协商共治的治理主体结构是城市实现“良好治理”的基础。在这样的主体结构中，政府不再是唯一的治理主体，而是作为“元治理”的因素参与到城市治理过程中，在宏观把握中国城市化方向的前提下，在微观层面形成“城市政府与城市利益相关者”“互相合作，整合城市各种资源，实现城市高效协调运行和各项功能正常发挥，促进城市社会、经济和文化的全面发展”。[①] 因此，在中国特色城市“文明治理”模式中，应该形成多元、开放、协调的主体结构。

在中国城市治理背景中，“多元”是指主体结构包含了政党、城市居民、流动人口、企业、公共媒体、社会组织及政府等各类主体，他们依据民主、科学的制度，按照权利与义务对等的原则，依法行使各自权利，并履行各种义务，在面对利益相关问题时通过功能性的合作和互补来提高城市治理成效，实现城市公共利益的最大化。“开放”是指相对于早期城市治理模式中封闭式的行政治理主体结构，新型城市治理主体结构将呈现网络式开放状态，各类城市利益相关者可以通过线上网络平台和线下治理实践平台参与城市治理，这种治理主体结构具有较高的灵活性，各类主体随时能够参与进来，并成为城市治理责任主体。“协调”则是指在城市治理中充分考虑到各主体的不同利益诉求和偏好，在对话、沟通、讨论、协商的基础上达成对公共利益的共识，最终在各类主体利益达到平衡分配的前提下，实现治理城市公共事务的目标。

三、中国特色城市“文明治理”的现代化治理手段

城市治理是一个动态过程，是在社会经济、政治结构、文化环境和

---

① 张燕平 . 城市治理脏乱公共管理体系的构建——以贵阳市“整脏治乱”公共管理体系构建为例［M］. 北京：经济科学出版社，2008：101.

技术变革等多种因素综合影响下不断变革的过程。其中社会经济、政治结构和文化环境形成的是社会进步所带来的法制化、经济化等手段的更新。而技术变革是城市治理手段现代化的重要推动力，大数据作为一种新技术，推动城市治理的精细化、智能化手段的更新和运用。中国特色城市“文明治理”模式是包含了社会进步及技术革新所带来的各种新型治理手段的治理模式，法制化、精细化和科技化手段的综合运用，将共同推进城市治理效能的提高。2015 年国务院印发的《促进大数据发展行动纲要》指出，“将大数据作为提升政府治理能力的重要手段，通过高效采集、有效整合、深化应用政府数据和社会数据，提升政府决策和风险防范水平，提高社会治理的精准性和有效性，增强乡村社会治理能力”。

大数据技术的应用，可以使政府获得海量的实时更新的信息数据，最新数据的掌握，让大量的“全体数据”成为政府决策的依据，改变过去以抽查有限个案的少量“样本数据”为基础的不够全面的决策过程，实现“用数据说话”的全新决策过程。大数据技术的应用极大地提升了在城市治理中的科学决策能力，让政府决策能够在最大限度上符合实际情况，保障公共决策的科学性，改变依靠过去的经验和决策者的直觉来进行决策的不科学状态，让决策变得更加公平，可以更好地提高决策的预见性和响应性。采用大数据的分析来制定精细化的城市治理方案，能够提高在公共决策中的民主性和科学性，让城市中的社会监管能力得到较大幅度的提升。运用大数据技术，可以对人口数据进行更细致的划分，强化针对性和动态性，使相关部门能够对基层社会进行更有效的管理和监控，实时把握群众需求，让公共服务的供给能力得到实际提升。通过建立公共服务网络平台，能够不断优化公共服务机制，使民众需求更明确、服务方式更灵活，达成让公共服务内容更丰富、公共服务质量更优良、公共服务能力不断增强的治理目标。

四、中国特色城市“文明治理”的实践目标

“文明发展”导向的中国特色城市化是以科学发展观为本质内涵，以“五位一体”为现实社会建设内容，以政治、物质、精神、社会和生态五大文明协调发展为目标的文明的城市化，这种城市化导向落实到实践中，则体现为城市治理实践中的三个系统化的“文明治理”目标诉求。

（一）构建城市形态文明的“文明治理”实践目标

城市的形态文明展现的是城市的外貌，具体体现在城市的建筑特色、整洁的街道等硬环境文明，以及对生态的保护等自然环境文明两个方面，包含了城市规划科学合理、城市地方特色建筑保护有力、城市公共基础设施健全度及人性化、城市生态环境文明等内容。

1. 城市规划科学合理

科学合理的城市规划，能够在城市发展中有力地保障城市建设和发展的有序性。城市规划是在对城市未来的发展进行深入研究的基础上做出的合理的城市布局设计，以及在综合考虑各种情况后对城市工程建设进行的科学安排。要为城市人民的居住、学习、工作、生活创造良好的条件，就必须打造整体布局科学合理，城市区域内各方面协调发展的优美城市环境形态。为此，对未来城市在经济发展方面、社会进步方面、土地利用方面、环境保护方面、空间布局方面以及市内各项建设方面都要进行综合的考虑和部署。科学合理的城市规划是具有整体性、前瞻性的规划，并通过法制化途径来保障城市规划的连续性和长期化，避免在城市治理中出现只注重近期发展目标而忽视长期发展目标的不协调发展，更要避免形成经济效益、社会效益和生态效益三者相冲突的野蛮粗

放的不文明城市化导向。

2. 保护地方文化特色的“城市有机更新”

“城市有机更新”是指既保护地方文化特色，又能使旧建筑在保留文化风貌的基础上发挥新功能，且能够协调地融入新城市建设的非破坏性更新。城市是人类文明各个时期发展成果的承载体，每个城市都具有独特的地方特色，体现不同时期文明发展所取得的成果。具有历史传承性的城市文化，则体现着各个城市别具一格的生活方式和习俗风貌，是城市据以相互区别的独特性所在，也是城市治理中不断提升“软实力”的基础，更是人类文明发展的丰富性和多样性的体现。城市学家芒福德在《城市文化》中指出：“城市文化归根到底是人类文化的高级体现。”因此，保护具有地方文化特色的建筑，注重彰显城市的个性和灵魂的具有文明碎片意义的城市建设，推进“城市有机更新”，是当前城市形态文明建设中特别需要关注的内容，它所提倡的更新方法，可以避免同质性建设，不仅能够防止在城市建设中出现“千城一面”的现象，而且可以通过“文化积淀”使城市在现代化竞争中具备独特的文化优势。在城市化高速发展时期，由于在城市建设中存在的重视“硬件”建设而轻视“软件”建设的“近视”规划现象，以及对地方文化特色建筑保护意识的缺失，形成了“城市文化丢失型”的城市形态同质化现象。

当前，伴随着社会经济的发展水平越来越高，改善生活条件成为人们的迫切需求，而由于缺乏地方文化保护意识，在规划中没有处理好“老城”和“新城”的关系，使得“拆老城，建新城”成为城市建设主要模式，随着老街、老宅等蕴含城市特色文化老建筑的拆毁，以及古树、古广场等传统人文环境的破坏，地方历史文脉被割断，城市记忆消失，邻里社区关系被解构，地方的独特性和人文差异性被弱化，重“硬件”轻“软件”的城市建设，不仅形成城市陌生人化的城市社会原子化风险，而且“软件”的丢失还破坏了城市有机体的独特性、差异性，使城市在全国性竞争中失去地方“软实力”优势，陷入同质性发展的激烈竞争中。因此，以保护地方文化特色为前提的“城市有机更新”，就成为解决改善居住环境与保护地方文脉之间矛盾的有效方式。

3. 城市基础设施的健全度及人性化

城市基础设施是改善人民物质文化生活条件的前提，也是推动城市经济社会发展的基础。在中央经济工作会议上提出要“提高城市建设和管理科学化水平，系统完善城市基础设施，促进城市网络化、智能化、个性化发展，改善人居环境质量”。由此可见，城市基础设施是城市整体文明发展的基石，同时这些设施的健全度和人性化则体现着一个城市发展的文明程度。城市基础设施包含的内容很多，主要有城市住宅设施；城市道路、桥梁、污水处理、防洪等基础设施；城市地铁、公交，以及水、电、燃气及供暖等公用设施；城市园林等绿化设施；城市市容和环境卫生设施五个方面的内容。

随着我国城市化率的不断提高，大城市的聚集效应不断增强，带来了人口大规模的集中，导致在这些城市中出现基础设施的承载量远远低于需求量的矛盾冲突。一方面，旧的中心城区，基础设施不断老化，已无法满足现代化生活的需求。另一方面，新建成的城区中，出现基础设施的高标准建设配套不完备问题。城市基础设施老化，无法满足人民生活需求是导致城市出现脏、乱、差面貌的主要问题，例如，污水排放设施不通畅就会导致街道污水横流；城市基础设施配套不健全和设计的非人性化则会给使用者带来各种不便，降低人民的生活水平；新建城区医院、学校等配套设施缺失，会给新区居住人员带来极大的不便。由此可见，城市的基础设施建设是维护城市的外观和容貌，保障城市形态文明的关键因素。在推进城市基础设施建设时，需要把城市作为一个有机体来对待，用“城市有机更新”来保证城市基础设施的健全度和人性化。

4. 生态环境文明

城市的生态环境文明是人与自然和谐共存的见证，是城市能够持续发展的保障，更是城市形态文明的客观表现。2018 年，生态环境保护大会强调，生态文明建设是关系中华民族永续发展的根本大计。生态环境不仅是关系着中国共产党的使命和宗旨的重大的政治问题，也是关系着人民日常生活事项的重大社会问题。习近平主张“绿水青山就是金山银山”，强调人与自然之间的和谐共生是我国经济发展的前提条件。生态环境是不可被替代物品，而良好的环境是人们能够享受到的最公平的公共产品，也是最能够惠及群众的民生福祉。在城市“文明治理”过程中，需要花大力气来推进城市的生态文明建设，通过提供更多的更优质的生态产品来满足人民群众不断增长的对优美生态环境的需要。在城市“文明治理”中，坚持以人民为中心的发展理念，通过不断改善和保护生态环境来增加优质生活条件的供给，从而提升人民群众对城市建设成果的获得感和生活的幸福感，是在城市中进行生态文明建设的目标，也将最终体现在城市形态文明的表象。

（二）提升城市素质文明的“文明治理”实践目标

城市素质文明包含城市的市民素质和服务素质文明等内容。城市市民素质文明表现在公共行为文明，以及良好的公共意识、文化素养和道德意识等方面。市民文明素质是一种内在修养，它是市民通过长期的实践，在学习、工作与生活中形成的思想道德品质、知识文化素养，体现其在生理与心理方面，以及在交往与发展等方面所积累起来的能力和资本，内在素质能够通过其自身的外在形象来展示。市民文明素质的“文明”本质，强调文明时代需要与之匹配的市民素质，不仅要有良好的思想道德修养和科学文化修养，而且要养成“文明”的行为习惯，并要将市民内在的“文明素养”体现和展示在城市的各种“公共领域”中，形成一个城市或城区的“公共文明素养”。“公共文明素养”会在城市社会中引导舆论走向，营造一种良好的公共道德环境，在无形中渗透进市民心里，对个体素质产生较大的影响。正如“破窗效应”所揭示的在“公共文明素养”差的环境下，由于缺乏约束，不文明的公共行为会增加。而在较好的环境下，迫于强大的舆论压力，乱穿马路、随手丢垃圾等不文明行为则会显著减少。市民素质提升不仅是城市文明建设的关键所在，同时也是社会主义建设的成败所在，因为促进“人的全面发展”是我国社会主义建设的根本目标。要提升市民素质，不仅要通过良好的教育机制来培育文明的理念，提高公共意识、道德意识和文化素养，从而构建起城市市民提升文明素质的内在心理基础，而且要有良好的奖励和处罚机制，通过外在约束来养成良好的文明习惯，从改变行为入手来引导思想认识的改变，达到提升市民内在素质的目标。

城市服务素质文明指的是城市第三产业文明、政府公共服务文明和政府执法文明。一是城市第三产业文明。城市第三产业是商业性的服务行业，也是城市对外的窗口行业，人们到一个城市最先接触的可能就是第三产业从业人员，因此他们的服务质量，会影响人们对一个城市最直观和深刻的印象，礼貌、专业的商业服务供给不仅展现着城市优良的文明风貌，也是形成文明社会氛围的基础。二是城市政府公共服务文明。它不仅体现着政府在推进职能转变中的成效，也体现着政府在社会领域达到的治理能力的现代化水平。政府职能转变，首先是理念的转变。从管制到服务，在公共服务提供的方法上需要作出调整，要从行政方法的自上而下的分配式供给转变为自下而上的按需供给，要在了解城市人民需求的前提下提供服务。其次是提高公共服务供给的便利性和均等化。政府公共服务是人人可以平等享受的公共产品，在提供公共服务时市民能否方便快捷地获得服务，体现着公共服务供给的文明程度。同时，公共服务的均等化供给则体现着城市市民享受公共服务的公平程度。当前，因为户籍等制度的限制，城市流动人口无法与城市户籍居民享有相同的政府公共服务，是产生社会不满情绪的重要原因，政府公共服务的均等化供给体现着城市政府治理能力的现代化水平，也体现着整个城市的文明素质。三是城市政府的执法文明。城市政府的执法文明表现在城市执法人员在执法过程中的行为文明和执法公正性方面，依法文明执法是对城市执法部门的要求也是职责所在。城市执法部门本身就代表城市社会的正义力量，是城市社会文明理性的保障，因此城市政府的执法文明是推动城市文明秩序的保障，也是城市文明素质提高的体现。

（三）实现城市功能文明的“文明治理”实践目标

现代化的城市是具有政治、经济、文化等多种功能的城市，随着城市的发展和规模的扩大，功能也将变得更加多样化，但城市作为人类聚居的较高级形态，决定城市的各项功能都是基于为居民服务而产生的，其最主要的功能是为了给居民提供高品质的生活环境。因为居民才是城市的主人，所以在推进城市“文明治理”的现代化进程中，要始终强调为人民服务的宗旨和目标。在城市建设的各项规划中，应该处处考虑到人的发展需要，特别是对美好生活环境和提高生活质量方面的需要以及城市弱势群体的保障性需要，坚持以人为本的理念来设计城市功能，通过公共服务的有效供给，社会保障体系的全面覆盖、社会组织的培育和活力激发，以及提高公共管理效能来推进城市社会的有序运行，从而为城市居民提供高品质的生活，这样的城市建设是城市功能文明的体现。因此，城市治理功能文明体现为：文明的公共服务，文明的公共管理，完善的社会保障和良好的社会组织培育等。

第五章
中国特色城市“文明治理”模式运作的制度安排

经由对中国特色城市“文明治理”模式的生成机理、理论基础和本质内涵等内容的探寻，我们可以明晰中国的城市治理模式遵循着由实践诉求到理论探寻，再由理论成果运用于实践指导进而升华凝聚出理论模型的辩证发展道路，这样的理论模型要落实于实践，并在指导实践中发挥有效作用就需要有具体的制度安排来推进运行，本章将从中国特色城市“文明治理”模式运作的体制、机制和实现路径等方面展开探寻。

第一节　中国特色城市“文明治理”模式运作的体制

良好的治理体制包含了合理的治理目标、约束机制和激励机制，优良的治理体制是治理目标达成的有力保障。我们用一个经典的管理故事来简单说明体制的重要性。故事中说，有七个人住在一起，每天共喝一桶粥，显然每天粥都不够。一开始，他们抓阄决定谁来分粥，每天轮一个。于是乎每周下来，他们只有一天是饱的，就是自己分粥的那一天。后来他们开始推选出一个道德高尚的人出来分粥。强权就会产生腐败，大家开始挖空心思去讨好他，贿赂他，搞得整个小团体乌烟瘴气。然后大家开始组成三人的分粥委员会及四人的评选委员会，互相攻击扯皮下来，粥吃到嘴里全是凉的。最后想出来一个方法：轮流分粥，但分粥的人要等其他人都挑完后拿剩下的最后一碗。为了不让自己吃到最少的，每人都尽量分得平均，就算偶有不均，也只能认了。大家从此才能平安地过下去。

“轮流分粥，分者后取”的故事说明，责任、权力和利益相结合的约束机制和激励机制构成优良的治理体制。通过优良的体制形成兼顾公共利益和个体利益的游戏规则，使公共整体利益与个体利益统一起来，才能使每个参与者按照游戏规则凝聚起来为了达成共同的治理目标尽自己最大的努力去执行任务。中国特色城市“文明治理”模式运作体制是当前城市治理的有效体制，它包含着不断适应中国城市发展的治理目标、运作机制和实践路径。

一、“文明治理”制度安排的目标

“文明治理”制度安排是建立在法治基础上的制度安排。法治源于对权力的制约，是人类对自身的存在方式、价值评判和命运走向的一种制度安排，是对民主和公平的保障，“以人为本”是这种制度安排的终极目标和价值关怀。作为城市治理的一种方式，法治的有效实施取决于权力意志借助法律在社会秩序中的实现，同时也取决于对法治精神与原则的把握和贯彻。法律是治理的基础，也是在城市治理过程中不可或缺的重要手段。法律不仅保障秩序还通过维护弱者的合法权益来保护人类生存与发展所必需的社会正义的实现。由于人性的缺陷和理性的局限，决定作为保障力量的法律具有至高无上的地位。法律治理不仅强调法律在公共权力治理活动中的至上性，而且强调在治理活动中法律的正义性。前为制度层面，后为价值层面。亚里士多德说：“法治应包含两重意义：已成立的法律获得普遍的服从，而大家所服从的法律又应该本身是制定的良好的法律。”法治的社会功能是维护社会的公正和秩序，法律从人的行为角度来规范人的行为。因此法治是人类过上优良和文明生活的必要条件。法律治理在人类历史中出现，标志着人类正在走向文明，同时也是保证人类文明得以传承的手段。

基于法治基础上的“文明治理”制度安排的目标在于：以公平正义为价值追求，坚持执法为民的本质；以党的领导作为有力保障，抱着服务于大局的伟大使命，一方面，通过充分调动人民群众参与城市“文明治理”的积极性和自主性，激发基层的创造性，从而在治理实践中不断提升人民的法治意识和法律素质；另一方面，通过法律制度建设，更好地维护人民群众在政治、经济和文化方面的权益，尊重和保护人的各项权力，“努力让人民群众在每一个司法案件中都感受到公平正义”[①]，为人民幸福生活打造公平、正义的社会环境。

二、“文明治理”制度安排的载体

“文明治理”是以《全国文明城市测评体系》及各种评价指标体系为标准和载体的制度安排，工作标准的细化保障了治理结果的规范性，避免了各行其是导致的治理成效差异和治理盲目性。我们用“做一天和尚撞一天钟”的故事来分析工作标准的重要性，故事说，有一个小和尚担任撞钟一职，半年下来，他觉得无聊之极，“做一天和尚撞一天钟”而已。有一天，主持宣布调他到后院劈柴挑水，原因是他不能胜任撞钟一职。小和尚很不服气地问：“我撞的钟难道不准时、不响亮？”老主持耐心地告诉他：“你撞的钟虽然很准时也很响亮，但钟声空泛，没有

---

① 习近平．在首都各界纪念现行宪法公布施行30周年大会上的讲话［EB/OL］.（2012-12-4）http://www.xinhuanet.com/politics/2012-12/04/c_113907206.htm

感召力。钟声是要唤醒沉迷的众生，因此，撞出的钟声不仅要洪亮，而且要浑厚、深沉、悠远。”这个故事中的小和尚如果进入寺院的当天就明白撞钟的标准和重要性，他就不会因怠工而被撤职。标准是治理工作的行为指南和考核依据。缺乏细化的标准，往往导致的努力方向与治理的整体发展方向不统一，造成大量的人力和物力资源浪费。《全国文明城市测评体系》及各种评价指标体系，将目标分解为具体的工作标准，具有衡量结果的标准性和指导实践的可操作性。中国特色城市“文明治理”模式正是以《全国文明城市测评体系》及各种评价指标体系为现实载体，将对城市治理的指导分解为一条条细致的工作标准落实到治理实践中。

（一）全国文明城市测评体系：城市整体治理制度安排的载体

2005 年以来，全国各个城市积极参与的文明城市创建活动以及所取得的实践成就表明，《测评体系》是以保障城市的可持续发展，促进城市社会文明进步及和谐共存为目标的各项制度设计、制度安排及制度构建的有效实践载体。

首先，《测评体系》根据城市的政治、经济、文化和社会建设等方面的发展情况制定了测评的项目和内容，同时通过将城市经济与社会的发展水平、发展质量等内容进行量化，从而将其转化为客观的可衡量的测评标准。在对城市形态文明、功能文明和素质文明等方面内容进行测评时，不仅标明了评价对象，而且在每一项测评指标中都明确了负责分管相关内容的政府责任主体，使测评结果对创建工作优劣的责任指向性更加清晰，避免了互相推诿、扯皮等情况的出现。

在中央文明委印发的 2011 版和 2015 版的《测评体系》中，包括中央文明办、中央综治委等 40 个部委办在内的工作指标被纳入了新的《测评体系》中，不仅确保了国家各部委办的工作指标要求能够有效地融入体系，而且能够通过垂直的条线管理让各城市中隶属于这些部门的相关委办局主体积极参与文明城市创建工作，使可持续的城市文明发展的各项要求得到有效的落实。因此，在文明城市创建过程中，《测评体系》就是以“测评指标”为指挥棒，将中央和地方资源整合到一起，同创共建文明城市，合力推进可持续城市化的一种制度设计。

其次，《测评体系》是一种与我国政府行政管理运作模式相匹配的制度安排。由于这个指标体系整合并融入了国家 40 个部委办的工作指标要求，所以在研制和修订的过程中，任何指标的改动都要征求相关部委办，得到认可后才能修改。因此，政府能否扎实有效地落实文明城市创建的各项工作，推进可持续的城市化发展，是测评指标对政府在城市建设与管理中绩效的检验要求，也是对地方政府落实中央工作指标要求的实际成效的检测，更全面检测了城市政府在推进全面小康社会建设及和谐社会建设等方面工作的成效。

由此可见，全国文明城市创建体系，是引导当今和未来我国城市实现文明和谐发展、保障城市化的可持续性和城市的现代化走向的一种制度构建，所以说《测评体系》是中国特色城市整体治理制度安排的有效载体。

（二）各种专项“创城”评价体系：城市局部治理制度安排的载体

中国的改革是增量式改革，针对中国地大物博，各地发展极其不均衡的状态，中国的城市治理也是采用先在条件较成熟的地区实现治理目标，积累经验总结教训，然后逐步将相关治理目标推进到全国城市，最终达到整体治理目标的过程。针对短期内比较突出的城市问题，全国卫生城市、旅游城市等“创城”评价体系是指引城市进行局部治理的制度载体，通过这些评价体系，可以达到有效解决城市当前面临的城市突出治理问题的目标。

三、“文明治理”制度安排的基本内容

“文明治理”制度安排的宗旨在于为人民打造公平、正义的社会环境，维护城市社会运行的优良秩序。“文明治理”制度安排作为社会关系和利益的调节机制，需要保障基本社会正义、平衡社会利益分配、促进社会和谐稳定，确保人民平等共享社会发展成果。作为现实载体的《全国文明城市测评体系》，很好地体现了“文明治理”制度安排的基本内容。

《测评体系》的基本内容包括全国文明城市的标准和指标体系两个部分，其中全国文明城市的标准为：有坚强有力的组织领导和健全的创建工作机制；有扎实有效的道德建设和深入细致的思想教育；能够蓬勃开展创建活动，并有人民群众的广泛参与；党政机关能够廉洁高效地开展工作，在社会中有健康向上的良好风气；科教文卫体等各方面建设稳步发展，社会事业全面进步；有良好的社会治安和井然有序的社会秩序；有较为完善的城市基础设施和优良的生态环境；城市经济获得持续快速健康的发展，居民的生活水平保持稳步提高。

《测评体系》的指标体系则由基本指标、特色指标及负面清单三部分构成。其中基本指标反映的是文明城市创建的基本情况，分为“廉洁高效的政务环境”“公正公平的法治环境”“规范守信的市场环境”“健康向上的人文环境”“安居乐业的生活环境”“可持续发展的生态环境”及“扎实有效的创建活动”七大模块，有 37 个子项、119 个小项，分值为 100 分。其中特色指标反映的是城市精神文明创建工作的特色及城市整体形象建设等方面的内容，包含 4 个子项目，分值共计 20 分。《测评体系》设附件《全国文明城市创建动态管理措施（负面清单）》，共包含 30 条内容，分别对出现负面清单所列问题的城市（区）作出了处罚规

定，根据问题的情节严重程度，对城市采取了罚扣测评分数、停止提名城市（区）资格直至取消全国文明城市（区）荣誉称号等处罚措施。

具体而言，“文明治理”制度安排的内容主要体现为以下几个方面：

（一）“文明治理”模式对文明理念的培育制度

党的十九大报告指出中国特色社会主义已经进入了新时代，主要社会矛盾的转化意味着中国社会在生产力水平落后状态下，以追求物质满足为幸福的时代已经结束，而随着小康社会的基本建成，以追求物质和精神全面发展的高品质生活的时代已经到来，中国人民对美好生活提出了新的愿景和诉求。在新矛盾中“美好生活需要”可以被理解为对高品质的物质生活和精神生活的需要。这里的“不平衡、不充分”，一方面表现为以经济发展为主要衡量标准的物质文明发展的不平衡、不充分，另一方面则表现为物质文明发展与精神文明发展之间的不平衡、不充分。经济发展的地域不平衡和产业发展的不充分，制约着城市物质文明建设的发展水平，限制了人民物质生活需求满足的平等程度。而相对落后于物质文明的精神文明发展的不平衡和不充分，则影响着人民的价值追求和优良社会风气的形成，削弱了人们对美好生活的获得感，降低了对幸福生活的体验，成为培育中国特色社会主义共同的理想信念、构筑共同的价值追求，进而实现“中国梦”的核心制约因素。

创建全国文明城市，始于打造美好生活，为百姓谋福祉的初衷。文明城市创建理念，意味着对高尚德行的崇尚和对善心善行的遵从。以崇德向善为价值指引的文明城市创建，应和着当前中国人民对实现美好生活提出的新愿景和诉求，将大力推动文明理念的培育和精神文明的发展，从而为打造高品质的美好生活提供有力的道德支撑。

“文明治理”模式对文明理念的培育意味着三个层面的含义：首先，培育高尚的道德意识。道德是大众化的价值取向，因此崇德向善是一种共同的价值追求。道德意识指引着价值追求，建设崇德向善的城市需要培育高尚的道德意识来提升市民的思想内涵，通过树立高尚的理想和坚定的信念，指引社会构筑起共同的价值追求。其次，以社会公德为规则和尺度的文明行为养成。道德是人们共同生活中形成的准则与规范，起着判断个体行为正当与否的价值评判作用，对人们行为的尺度和边界起着约束作用。在“文明治理”模式中，文明行为指的是符合社会公德的行为。建设崇德向善的城市需要以社会公德为基准，制定相应的法规来引导市民的行为，实现文明行为的规范化和普及化。最后，需要营造尊崇高尚德行与善心善行的良好的社会氛围，推进主流价值观的践行。崇德向善的城市建设就是将社会主义核心价值观在市民层面展开，使之内化于市民的精神世界，外化为公共场所的文明行为，从而形成良好的社会氛围，以推进核心价值观的践行，为实现中华民族的伟大复兴，凝聚起强大的精神力量，并提供有力的道德支撑。因此，“文明治理”模式对文明理念的培育制度着落在以下三个方面：

1. 培育信仰共识：理想信念教育

信念是人们在一定的认识基础上形成的真理确认和价值认同，是对某种思想理论、学说和理想的坚定不移的确信与信任，坚信其必定会带来美好的结果，并对之抱有坚定不移的观念与坚决执行的态度。表现为人们对自己的想法、观念及意识行为的倾向，体现了主体对未来美好事物的价值追求。人的信念一旦形成，就能够变成强大的精神力量，在坚定的信念支撑下，人们在面对困难时能够保持精神的振奋，获得克服困难的勇气，哪怕付出生命的代价，也会坚持到底。

理想是建立在信念基础上的自我意识，是人们超越当前的现实和自我，追求远大的未来价值目标的高度自觉。理想源自坚定的信念，同时也是一种特定信念的体现。离开信念的基础，理想就会变成一种单纯的设想和想象。在这种意义上，可以说认同和追求一种理想，就是具有坚定信念的表现。

由此可见，理想和信念总是联系在一起的，都基于对真理的确认和对价值的认同。在真理与价值相统一的基础上，或者说是在客观规律与主体长远利益相统一的基础上形成的理想和信念是正确的理想信念。当前把我国建设成为富强、民主、文明、和谐的具有中国特色的社会主义国家，是我国人民的共同理想，也是社会主义核心价值体系的基本内容之一，综合性地描绘了我国未来社会，在经济、政治、文化、日常生活等各个方面发展的理想状态。在理想与信念相统一的基础上，形成了中国社会的共同理想信念。这样的理想信念包涵三方面的内容：① 对马克思主义理论的科学性和真理性有坚定不移的确信，坚信并追求共产主义的远大理想；② 在信任党的领导和信仰并奉行党的性质及宗旨的前提下，对社会主义现代化建设抱有强大的信心，信奉并追求中国特色社会主义的共同理想，以及实现中华民族伟大复兴的中国梦；③ 具有高尚的道德意识和可贵的精神境界，崇拜并向往高尚的德行，遵从善心的指引，实施善良的行为。

这样的理想信念是在社会主义建设的实践中经受了检验并正在被证实的崇高的理想信念。推进社会主义共同理想信念的教育就是要不断地总结社会主义建设的实践经验，形成真理性认识并应用于实践，将正确的理想信念普及到参与社会主义建设实践的市民群体，避免自发形成错误的道德认识，进而形成价值追求共识，提高市民参与建设社会主义国家的自主性。

培育市民正确的理想信念是判定创建文明城市是否获得成功的重要指标之一。崇德向善作为中国特色社会主义共同理想信念的一部分，对其的成功培育，必须成为文明城市创建的重要目标。

在当前以《测评体系》为指导的文明城市创建过程中，可以从四个方面来推进理想信念教育：① 通过组织干部群众深入学习党的领导人的讲话来贯彻中国特色社会主义理论，使国民对国家的发展规律形成统一的认识；② 通过健全并不断完善学习制度，使社会主义共同理想信念的宣传和阐释得到加强，引导人们对全面建成小康社会、全面深化改革、全面依法治国、全面从严治党等重大决策形成深刻认识，理解并把握其重大意义、丰富内涵、内在联系和实践要求；③ 开展形势政策教育，提高人民群众对经济社会热点、难点问题的认识，做好舆论引导，抵制各种错误思潮的影响；④ 通过坚持不懈地开展中国特色社会主义和中国梦相关内容的学习与宣传教育，实现学习教育活动和主题实践活动的系统化和长期化。

2. 培育价值共识：社会主义核心价值观建设

《百喻经》中有这样一个故事：一条双头蛇，左边的头要向左游，而右边的头要向右游，导致没有办法行走，结果掉进油锅中被烫死了。手表定律的寓言中，那只猴王因为获得了多只手表而无法确定时间的故事告诉我们：当你只拥有一只手表时，你可以很容易确定现在是几点钟，而当你拥有两只或两只以上的手表，而几只手表的时间显示不一致时，你就没有办法确定现在是几点钟了。这两则故事的深层寓意都在于：人不能同时追求两个目标，或选择几种不同的价值标准。面对当今社会价值多元化的现实，如果无法达成共识，形成共同的价值追求，将会造成人心涣散、社会沙化的社会解构危机，进而影响社会的稳定和发展。社会主义核心价值观，是我党基于对当前社会主义建设实践的理性认识而凝练出的价值观。它是与当前社会主义建设实践相契合的价值观，只有当其被社会大众所认同，并构筑为共同的价值追求，才能产生巨大的精神力量，为中国梦的早日实现提供支撑和动力。

当前践行社会主义核心价值观存在三方面的思想障碍：一是“无用论”，认为这一价值观远离社会现实，解决不了实际问题；二是“无关论”，认为这一工作是上层领导和思想界的事，与普通百姓无关；三是“无为论”，认为这一价值观太抽象，不好具体实施，所以在实践中难有作为。可见，要将社会主义核心价值观构筑为市民的共同价值追求，不能仅对其内容进行理论知识的填鸭式灌输，还要形成系统的培育体系，从理论认知、情感认同和行为实践三个方面进行培训和教育，其中认知是基础，认同是关键，行为是最终目标。

理论认知是对社会主义核心价值观的知识性教育，具体包括通过宣传教育和细致阐释，使大众了解它在国家发展方面所具有的长远影响力，认识到它在应对文化冲突时，对增强民族凝聚力和民族自信心等方面所具有的重要意义，把握它在发展国家“软实力”，实现“中国梦”等方面所具有的独特功能。

情感认同培育则是引导市民在情感上接受社会主义核心价值观，在此基础上，将这种认同转化为达成共同价值追求的决心和勇气。也就是说，要通过培育社会主义道德情感，提高市民对社会主义核心价值观的认同度来激发市民对共同价值追求的积极性。道德意识中的“‘情’即道德情感，是个人对社会道德关系和道德现象的爱憎或好恶的情绪反应和倾向”。道德情感将引导人选择不同的价值追求，建设崇德向善的城市，需要培育市民对以社会主义核心价值观为引导的城市社会道德关系的认同，和对善心善行道德现象的喜爱与遵从，在这样的道德情感的指引下构筑社会主义国家共同的价值追求，使创建文明城市，成为培育和践行社会主义核心价值观的前沿阵地。

最后，行为实践强调的是落实，从社会主义国家建设的实践中提炼出的社会主义核心价值观，不仅是抽象的意识形态，而且是涉及社会生活各个方面的具体行为指导，我们需要将情感认同转化为个人行为，将追求共同价值的热情，转化为个人努力实现价值的动力。

在当前的文明城市创建过程中，需要通过深化推广和普及来推进相关理论知识的传授,用融入日常生活和发挥榜样作用来培育市民的情感认同，又通过组织市民培育良好家风家教、提倡勤劳节俭及弘扬中华优秀传统文化等活动，将核心价值观落实到行为实践中去。具体做法：① 要制定实施方案，由顶层设计来制定核心价值观的实施方案并建立健全推进机制。例如,《关于培育和践行社会主义核心价值观的意见》《培育和践行社会主义核心价值观行动方案》等文件的出台，使核心价值观的践行变得有据可循。 ② 要创造新的宣传教育模式，使核心价值观的教育能够更好地融入日常生活。在通过主要新闻媒体、网络媒体持续有效宣传普及 12 个主题词，和在公共场所和公共设施张贴核心价值观等传统宣传教育的同时，通过编写通俗读物，运用文艺形式和民族民间文化样式来创新核心价值观的传播方式，再依托基层宣传文化阵地和爱国主义教育基地，用道德讲堂等形式来进行显性教育，运用市民公约、村规民约等规范守则来推进教育实践活动，同时通过升国旗、入党入团入队仪式等礼仪制度展开隐性教育，最终达到创新核心价值观教育打开模式的目标，使教育的手段与实践活动相结合，融入日常生活的方方面面。

3. 培育道德共识：文明道德风尚的构筑与健康向上的人文环境建设

在早期治理模式下，由于经济转型时期强调的唯 GDP 至上，人口随着资本而“浮萍式”的流动，破坏了人口在原生地，由于血缘和地域的联系而形成的特定的价值认同场域。结果，漂泊在城镇中的人们无法以原生地区的道德共识来指导他们的行为和价值判断。缺乏道德共识会引发道德沦丧的危机，因此，越来越多的金钱崇拜和价值观迷失的现象在社会上逐渐出现。无根的城市流动人口，由于道德共识引导的缺失，可以轻易地将更多物质财富的可获得性作为其唯一的价值判断标准。在这样的价值观指导下，一些人为了谋私利而不择手段，以至于出现制作“毒馒头”“地沟油”等产品来危害市民生命安全的犯罪行为。因为没有道德共识的指引，使人们之间的联系越来越疏离，渐渐形成了一种忽视他人的浮躁和不健康的社会心态，“小悦悦”等事件的出现就是社会公德缺失的体现。道德共识的缺失加重了社会戾气，形成在经济状况得到极大改善的情况下，市民因精神世界的贫乏而导致生活品质不升反降的现象，在城市“文明治理”模式下，构筑文明道德风尚和健康的人文环境已成为重要的建设目标。

文明的社会是要有良好社会风尚的社会，随着经济的飞速发展，中国社会的进步需要通过培育道德共识为社会良好风尚的形成打下基础。公正、和谐、积极向上的文明道德风尚是城市精神的核心，是社会活力和生机的体现，更是提升市民素质的关键，是市民精神面貌的外在表现。有了良好的文明道德风尚，市民才能将外在良好的道德实践和道德规则所形成的文明社会风尚内化为个人行为的驱动力，并外显为文明的行为。

文明道德风尚的构筑与健康向上的人文环境建设，既需要用法律手段来规范，也需要发挥榜样的作用等实践措施来引导市民自觉去遵守。法律手段的作用是通过制定各种规则来规范个体的行为，侧重于用惩罚的措施来约束人的行为。而通过道德共识的培育则可以经由对道德模范、文明行为以及志愿服务利人精神的表彰，用先进事迹来为市民做好示范，发挥榜样的作用引导市民养成自主追求文明道德的风尚，在社会中营造出健康的人文环境，并培育出良好的文明风尚。

发挥榜样的作用，就是使道德共识外化为人们可以学习的行为。通过开展“我推荐、我评议身边好人”等评选活动，以及向“最美人物”“时代楷模”学习等教育和宣传活动，同步推进引导文化界、科技界等各界人士和企业家积极参与“重品行、树形象、做榜样”活动，以成功人士的优良品行来体现榜样的力量。通过树立榜样，我们将在整个社会中激发正能量，并经由对典型榜样的褒奖活动来充分发挥身边模范人物的示范作用。在典型人物的引导和先进人物的示范作用下，人们可以接受榜样人物身上所体现的价值观和道德价值观，从而获得润物细无声的隐形教育效果。模范引领可以激发每个市民的向善向好之心，进而形成自觉奉行、主动践行的道德共识。全国道德模范是社会道德建设的重要旗帜，国家倡导要弘扬真善美，传播正能量，激励人民群众崇德向善、见贤思齐，鼓励全社会积善成德、明德惟馨，为实现中华民族伟大复兴的中国梦凝聚起强大的精神力量和有力的道德支撑。众人推选出的道德模范都是具有高尚的品德并在现实的道德实践中遵从善行的人，以他们为楷模意味着要以“崇德向善”为标杆，引领市民推崇高尚的道德追求，提高市民的道德认知，形成正确的道德判断，内化成市民为崇高理想而奋斗的道德意志，在现实实践中履行善行，培育出高尚的道德意识以促进市民思想内涵的文明提升，推动中国特色社会主义共同理想的实现。

在城市“文明治理”实践中各地都出现了一批“××好人”，通过媒体的不断推介，形成了良好的舆论导向。例如，获得全国文明城市“三连冠”的张家港市，在创建活动的实践中，多年坚持深入开展名为“寻访身边好人‘张闻明’”的“道德风尚行”活动，鼓励市民积极去发现并推荐存在于身边的先进典型人物。多年来，共评选出2 000多名身边好人，他们的事迹被广泛宣传，在社会中营造出“好人好事天天有，身边好人大家学”的浓厚氛围。通过组织道德模范人物在基层开展的巡回演讲活动，以及在城市和乡村广泛建设公民道德教育馆、“好人街”“好人主题公园”“好人广场”“好人墙”等主题展示基础设施，每年吸引超过 100 万人次来参观学习，成为培育市民见贤思齐、崇德向善等道德共识的有效载体。[①]

（二）公平、正义的社会环境建设制度

在中国特色城市“文明治理”模式下，公平、正义的社会环境建设制度的基本内容为：

一是将公平正义作为制定各项制度安排的重要依据，以维护权利公平、机会公平、规则公平和分配公平为主要内容，建立起保障社会公平制度体系。通过保障公平来营造社会和谐氛围，加快有关的法规、制度和政策的完善速度，进一步确保全体社会成员都能够平等地获得教育资源，进行劳动和创造，参与公平的市场竞争及社会生活，依靠法律和制度来维护自己的正当权益。从源头上防止社会不公正现象，并在执法、司法过程中做到有法可依，执法严格，以公正、高效、合法的文明执法为原则，在城市中营造公正公平的社会法治环境。

二是通过完善行政决策机制和行政决策程序，实现公平正义。经由建立重大决策的法律论证和合法性审查制度、重大决策的集体讨论制度、重大决策的依法公开制度来不断完善行政决策的跟踪反馈及问责制度。通过整合科学决策、民主决策和依法决策，建立公众参与、专家认证和政府决定相结合的科学、民主的行政决策机制，打造城市政府廉洁高效的政务环境。

三是将公平正义的原则纳入利益协调机制，建立和完善能充分表达、有效平衡并科学调整社会利益的协调机制。引导群众合理合法地表达自己的利益，逐步建立以权利、机会、规则和分配的公平为主要内

① 光明日报专题调研组．全国文明城市“三连冠”张家港的探索与实践，争当践行社会主义核心价值观的排头兵［EB/OL］．（2014－10－15）http://yc.wenming.cn/wmbb/201410/t20141015_1399503.html

容的社会公平保障体系。着力建设义务教育、基本养老和基本医疗等相关社会保障制度，努力使所有人“学有所教”“劳有所得”“病有所医”“老有所养”和“住有所居”，增强市民的安全感和幸福感，并为城市居民打造适宜的生活环境。

四是通过城乡一体化建设，构筑起“城乡统筹、全民覆盖”“不留空白、不留死角”的系统化城市文明治理制度体系，以健康的社会人文环境和可持续发展的生态环境来保障市民公平享有高品质的生活。

第二节 中国特色城市“文明治理”模式运作的机制

在城市治理中通常包含有保障机制、约束机制和激励机制。中国特色城市治理保障机制是国家用法律制度确保主体权力，通过党的建设制度来为城市治理活动提供组织保障及精神引领的机制；中国特色城市治理制约机制是为了保证城市治理活动走向有序化、规范化的“文明治理”路径的机制；中国特色城市治理的激励机制是为了调动城市治理活动主体积极性，激发城市文明治理水平不断提高的机制。中国特色城市治理机制的建立和完善，一靠政治体制改革后逐步完善的“人民民主”政治体制，经济体制改革所形成的社会主义市场经济体制，以及政府职能的转换和内部岗位责权的调配。二靠国家和地方制定的法律、法规，以及各个组织内部设定的规章制度。

一、中国特色城市“文明治理”的保障机制

（一）“人民民主”制度保障了参与城市文明治理的主体权力

随着全球化时代的到来，世界政治经济格局面临重大调整，各国内

部社会结构和财富分配的不平衡日益显现，从欧洲到美国，作为代议制民主社会基础的中产阶级不断瓦解，福利政策难以为继，民主政治陷入僵局。从阿拉伯世界到拉美世界，高涨的生活成本和失业率将民主推向街头，无论是民主政府还是权威政府在社会治理中均出现政府失灵现象。“代议制民主”作为“唯一的、普世的民主形式”的神话正在崩溃。表现为：“首先，数年一度的选民动员无法制约高高在上的财富精英集团，只能迫使选民在精英集团的各个代表之间做出选择；其次，选举产生的政治领导层，无法有效节制僵化、顽固的官僚体系，只能修修补补；最后，既有的基层自治组织在无法获得来自国家的政治经济资源支持的情况下，不断被外来移民、大资本和市场所侵蚀。”[①] 西方政党制度和“代议制民主”的内在机理中始终存在精英的自由和大众的民主之间的矛盾，政治精英们在民主选举中驾驭着政治过程，用各种政治宣传来影响和迷惑普通选民，将自己的意志包装成大众的意志，进而达成精英自由的实现和大众民主抑制的目标。正如美国学者熊彼特所揭示：“这些集团就能够在很大限度内改变甚至制造出人民的意志。我们在分析政治过程中遇到的主要不是真正的而是由人为制造出来的意志。”[②] 这种“人为的意志”是资本与劳动的矛盾在政治领域的延伸，是社会化大生产与生产资料私有制之间的矛盾从经济领域中蔓延到社会领域的表现。这种矛盾在新的技术条件和生产模式的冲击下被日益放大。随着生产环节的全球分布，资本向低成本劳动国家的全球流动，部分国家内部的资本与劳动的平衡格局被打破，资本外逃导致的高生活成本和高失业率并存，贫富分化日益严重催生的社会原子化趋势瓦解了原有的社会结构，

---

① 殷树凤．马克思主义国家、社会、个人关系理论视角下的中国社会治理研究［M］．合肥：合肥工业大学出版社，2017：173.

② 约瑟夫·熊彼特．资本主义、社会主义与民主［M］．吴良建，译，北京：商务印书馆，2009：387.

因而代议制民主国家的政党无法动员群众进而将民众支持转化为有效的政治决策，使国家陷入福利危机、政治危机和社会危机之中。

处于全球化浪潮中的中国，实行的是“人民民主”政体，虽然也是“代议制民主”的一种形式。但两者最大的差别在于“人民民主”政体基于生产资料公有制，从根本上消除了资本与劳动之间矛盾形成的经济基础，保证了全体人民拥有一致的基本利益、共同利益和长远利益，为社会成员达成政治共识，形成平等关系奠定了良好的社会基础。因此，从理论上讲，社会主义社会的经济基础决定了社会主义国家可以而且必须在政治生活中坚持人民的平等地位和主体地位，确保人民能够平等地享有依法治理国家和社会事务，依法制约、限制和监督国家公共权力的民主权利，真正实现民主政治中“国家的一切权力属于人民”的基本原则。

习近平主席在《在庆祝中国人民政治协商会议成立65周年大会上的讲话》中明确指出：“人民是否享有民主权利，要看人民是否在选举时有投票的权利，也要看人民在日常政治生活中是否有持续参与的权利；要看人民有没有进行民主选举的权利，也要看人民有没有进行民主决策、民主管理、民主监督的权利。社会主义民主不仅需要完整的制度程序，而且需要完整的参与实践。”①

人民代表大会制度依据民主集中制原则建立，它确认了全国人民代表大会作为最高国家权力机关的地位，这个权力机关由民主选举产生，享有立法、修法和审议国家重大问题的权力，接受人民的监督，并对人民负责。人民代表大会具有体现普遍民意的最高权威性，其对立法、修法和审议权力的运用，就是把人民的意志转变为国家意志的过程。此外，制度规定，人民代表大会只接受人民的制约和监督，其他政治力量

① 习近平．在庆祝中国人民政治协商会议成立65周年大会上的讲话［N］．人民日报，2014-9-22.

无法对其进行支配。由上述可知，中国的“人民民主”制度有力保障了人民参与城市治理的主体权力。

（二）党建机制保障了城市治理的“文明治理”导向

在中国特色社会主义理论的指引下，我国的党建机制保障了城市治理的“文明治理”导向。作为执政党的中国共产党，拥有强有力的行政能力和组织能力。通过党的建设机制来提升党员的素质，是推进国家的社会治理能力走向现代化的关键因素。中国特色社会主义思想指出，在我国社会治理中需要将“五个文明”的建设作为同步发展的目标，即中国的社会治理是一种涵盖了“五个文明”建设的“文明治理”，在这样的理论指引下，从中央到地方嵌入到各个层面的治理中的党的建设机制必将坚持“文明治理”导向。

国家治理落实到地方就是城市治理，地方政府中的官员大部分都是中国共产党党员，他们是城市治理的中坚力量，党员素质的好坏，不仅影响着政府的公信力，还直接关系到城市治理水平的高低。因此，在宏观层面，党的建设机制是保持共产党执政地位和维护国家稳定的关键机制。在微观层面，则是通过优化党员素质、保持党员的先进性以提升城市治理水平，强化政府公共服务能力，从而满足人民美好生活需求的核心机制。

党的建设主要围绕着党员的素质培育和党的组织建设两个核心展开，党员的素质包括党员的思想素质和能力素质两个方面。党建机制一方面通过集中学习等方式不断进行党员的思想教育，达到统一认识，凝聚力量的目标。另一方面通过党建嵌入治理的方式，使党员参与地方治理，在实践中理论联系实际，将党员的奉献精神、先锋模范作用落实在地方治理行动中，不断提升党员自身的能力素质。而党的组织建设，则使党的组织覆盖面不断扩大，使党组织能在宏观和微观层面将党员组织起来，并通过党员将群众组织起来，通过党员素质的不断提升来保障“文明治理”落实到基层，进而引导市民成为城市“文明治理”中强大的社会力量。

二、中国特色城市“文明治理”的约束机制

在中国特色城市“文明治理”模式下，主要通过“文明治理”导向的法律、法规等制度建设形成中国特色城市治理约束机制，进而打造公平、正义的社会环境。

新时代为中国城市化带来了新的发展契机，在中国全面建成小康社会、基本实现现代化的前提下，新型城市化将引导城市走向市场化和信息化道路，城市进入了治理更新的新时期。在这样的关键时期，城市治理迫切需要强有力的法制作为约束机制来保证城市治理达成规范化、有序化的“文明治理”。正如邓小平说：“制度不好可以使好人无法充分做好事，甚至会走向反面。”[①] 党的十八大指出，“法治是治国理政的基本方式”，要“加快建设社会主义法治国家，发展社会主义政治文明”。这些言论表明，依法治国和达成国家治理能力的现代化是新时期党的工作的着力点。城市作为国家治理的前沿阵地和实践平台，其法治水平体现着国家的法治建设状况。通过依法治市的实践，可以探索依法治国的经验，使之更符合中国国情，变得更有针对性和可行性。

当前，在城市治理体系内，各种体系的发展还很不均衡。经过改革后，政治体制和经济体制逐渐变得完善，而文化体制处于中等水平，社会和生态机制仍然不够健全。[②] 由于城市治理体系内部发展不均衡，导致相应领域的制度建设也参差不齐。目前城市法治建设存在的问题是：

① 邓小平文选（第二卷）[M]. 北京：人民出版社，1994：333.
② 李紫娟. 国家治理理论的马克思主义源流 [M]. 杭州：浙江人民出版社，2015：207.

部分行政管理领域缺乏法制制度；一些城市政府将法治作为单纯的治理工具，在实践中往往只注重在基层依法治民，而不注重对权力的约束和依法治官；少数城市甚至存在着不严格依照法定权限、法定程序办事，以“贪赃枉法”治理“违法”的现象；在城市建设和管理中，习惯依靠行政手段开展工作；行政监督的制度和机制不够健全，特别是行政问责无法真正落到实处；许多政府部门信息公开不主动、不充分、不及时，群众的知情权、参与权和监督权无法获得有力保障等情况。①

基于对已经出现的治理不良现象的修正，在中国特色城市“文明治理”模式中，“文明治理”导向的法律、法规等制度建设包含三方面的内容：

（一）构建廉洁高效的政务环境

在推行依法治理城市时，需要处理好坚持党的领导与树立法律崇高权威地位之间的关系。既不能淡化党对城市治理的领导，也要避免“以党代政、以党代法”的错误，以防止出现党的权力凌驾于一切之上，甚至高于国家宪法和法律的情况。因此，要在维护宪法和法律权威的基础上，实现党的领导与依法治理城市的同步推进，其关键在于必须明确党的领导方式与党的执政方式，并不断对它们进行改革和完善。中国共产党作为执政党，是各级城市治理体系的领导核心，肩负着带领治理主体开展城市建设和城市发展的历史重任。只有增强党的执政能力，将其建设到一个新的水平，才能全面提升城市治理能力。而提高党的执政能力，就需要使党的执政方式进行适应性转变，使其从传统的领导方式，转变为适应社会主义现代化建设的依法执政的现代领导方式和民主法治的领导方式。通过加强党的廉政和依法执政建设以及民主领导方式的完

① 王国平．中国城市化面临的挑战与对策［M］．北京：中国社会科学出版社，2014：10.

善，构建出廉洁高效的政务环境。

（二）构建公平正义的法治环境

法治的实质是秩序，这种秩序建立起来后，公民、法人及政府机构都应受到约束，而对于建立法治城市来说，政府比公民更需要遵循规则、秩序。因为只有能够被政府所带头遵守的秩序，才是有权威的秩序。依法治理城市需要一个法治政府，这个政府能建构法律秩序并且能将自身也纳入法律秩序的约束中。依法治理城市一方面要求现存的行政法律法规是按照民主的、合法的程序规则制定出来的，是有利于维护社会正义和推进文明进步的法律法规，是以“文明治理”为目标的法律法规。另一方面要求实现“良”法之治，也就是让当前的行政法律法规能够被普遍遵守，使政府工作人员具备较强的依法行政意识，市民具有较强的守法遵法意识。

由此可知，构建公平正义的法治环境，要在打造城市法治政府的努力中实现依法行政与公民守法的双轮驱动，关键是抓好法制建设和人的建设，推行依法行政和普法教育，核心是将政府权力关进制度的笼子里，进一步依法制约政府权力的运行。在任何社会，国家机关及其公职人员都需要具有一定的权威，而在法治社会中，政府权威必须置于法理权威之下，不能凌驾于法律权威之上。国家实现法治的关键，在于宪法和法律能否在政治和社会生活中真正享有至高无上的权威。一方面，要通过立法建立具有客观性、确定性、稳定性和可预期性的法律制度来树立法律权威；另一方面，法律权威的树立需要通过用执法、司法和守法来限制个人、组织和国家机关的活动范围，需要国家权力机关及其公职人员能够严格依法办事，做到违法必究，从而防止任何人或组织享有凌驾于法律之上的特权。一个依法治理的城市政府应是以人为本、保障和尊重人权的政府，应是能够依法办事和依法解决纠纷的政府。

（三）构建诚信守法的市场环境

构建诚信守法的市场环境，首先要不断推进诚信建设制度化。《社会信用体系建设规划纲要（2014—2020年）》的出台，就是要通过建设社会信用体系、制定诚信奖惩制度和诚信教育实践来推进覆盖全社会征信系统的建立。进一步在经济和法制等重点领域建立起信用记录，构建信息互联互通、交换共享的信用平台，落实《关于推进诚信建设制度化的意见》，通过诚信“红黑名单”制度的建立，形成联合激励机制，为市场守信主体提供优待政策。同时建立失信联合惩戒机制，对失信违法者进行联合惩罚，并对存在的失信突出问题进行专项整治。其次，要加强市场监督。通过建立和完善打击假冒伪劣的监督、投诉和处置机制，以及对虚假违法广告的专项整治，依法查处违法经营行为，形成百城万店讲诚信的良好市场诚信经营环境。最后，构建诚信守法的市场环境重点还在于进一步强化企业与社会组织的社会责任。企业与社会是相互依存、相互促进的关系，良好的社会环境为企业发展提供了优质的场域，而企业的良好发展则为社会注入了源源不断的活力。因此企业要明确与社会的关系，为推进社会发展承担社会责任，而勇于承担社会责任的企业就能自觉遵守诚信经营法则，推进诚信守法的市场环境建设。企业的社会责任体现于企业内部，就是要在为出资者创造利润的同时，也要维护员工的合法权益，为其提供安全生产的条件，提高工资和福利待遇。企业的社会责任体现于企业外部，就是要求企业在取得利润的同时，要通过投资公益和救助贫困来不断回报社会。要求企业必须在社会中建立诚信、守法、公正、良好的外部形象，依法缴纳税款、关注消费者权益，为社会创造并积累财富，合理利用并保护自然资源，支持社会公益事业发展。在“文明治理”模式下，政府要制定并完善关于企业社会责任的政策法规，以赏罚分明的制度和法律手段引导企业积极履行社会责任，形成长期稳定的奖惩制度，对拒不履行社会责任的企业予以严厉的惩戒，对积极履行社会责任的企业给予各种优惠奖励。

三、中国特色城市“文明治理”的激励机制

在中国特色城市治理中，通过构建“文明治理”的政策支持体系来引导城市治理的文明化走向，激发社会活力。通过构建“文明治理”的利益共同体来调动城市治理活动主体积极性。通过构建“文明治理”的评价与激励体系来激发城市文明治理水平的不断提升。三方面的构建共同组成了中国特色城市治理激励机制。

（一）构建“文明治理”的政策支持体系

构建“文明治理”的政策支持体系，目的在于通过政策倾斜，引导城市治理的文明化走向，激发城市“文明治理”的社会活力。“文明治理”政策支持体系由中央支持政策、地方支持政策、综合性政策和专门性政策构成。构建城市“文明治理”的支持性政策体系既要有利于化解城市近期出现的突出问题，又要着眼于城市长期的治理目标，要超前研究谋划有利于促进城市文明治理的各类支持性政策，将来自中央政府和部门的政策与地方不同层级政府部门的政策衔接起来，并配套落实，使中央支持政策通过地方支持政策得到细化、配套和落实，从而在目标、方向和重点上形成合力，共同推进城市文明治理。例如中央出台的支持城镇化发展的相关政策与地方城市规划中支持产业升级的相关支持政策相配套，通过进一步完善和优化城市的土地利用总体规划，不仅能够让城市面貌得以美化，而且能够促进城市的产业结构升级，从而推动城市功能和形态的“文明治理”。

在城市“文明治理”的政策支持体系中，综合性政策主要用来支持解决城市中存在的共性问题和在宏观领域存在的问题，它是由综合性治

理部门或各级人民政府发布的政策。而专门性支持政策主要用于支持解决在具体的点上存在的问题和在特定领域中存在的问题，是由各类专业部门发布的政策。综合性支持政策和专门性支持政策两者的区别在于，一个相对宏观和宽泛；另一个则较为微观和具体，两类政策分别由不同的主体制定和发布，而且具体的实施者也不尽相同，但在推进城市“文明治理”的过程中需要有统一的领导机构来进行协调，从而加强两者相互间的衔接和支撑。例如，综合性政策支持的城镇人口增长相关政策，需要与地方人才引进以及市民医疗、教育、住房等相关专门性政策相协调，由市委、市政府的制定一致的目标，进而协调综合政策与专门政策的配套落实，达到在城市“文明治理”中共同推进市民素质提升的目标。

构建“文明治理”的政策支持体系，既需要关注前期的政策设计，又需要监管政策的实施和动态调整。一方面，有必要加强在政策制定前的调研、咨询和论证工作，从而达到提高政策设计的民主、科学和精准性的目的。同时针对在城市“文明治理”不同阶段出现的问题，及时进行政策的更新调整以提高政策的可操作性，为政策落地实施创造好的条件；另一方面，要加大力度对政策执行展开监管，及时发现并堵住在政策实施过程中存在的漏洞，明确政策执行的主体、针对的对象和实施的标准，严格执行追责和奖惩办法，在政策实施的后期加强评估，为新的政策设计和更新调整提供鲜活的经验和需求反馈。最后，需要通过建立政策评估的规范指标体系和量化模型来确保政策评估工作的科学性和独立性，并通过推广引进第三方介入的评估方式来增强客观性，以降低政府部门在政策评估过程中的干预力度，有效提高政策评估结果的权威性。例如在《测评体系》中明确标明了对地方支持政策的考核指标，从而对推进城市“文明治理”的相关政策有了标准、科学的评估。

（二）构建“文明治理”的利益共同体

“马克思指出，社会关系的维系纽带在于利益二重属性的调和，即如何正确处理共同利益（公共利益）和私人利益的关系。”① 也就是说通过调和私人利益与共同利益，就能够以利益关联为基础密切城市与居民的关系，进而凝聚共同价值取向，提高居民对城市的认可和归属感，构建起利益共同体，并在“共同体意识”的指引下采取“共同体行动”来推进城市的“文明治理”。

利益共同体的构建，一方面是基于共同体对个体内在归属感这个需求的满足。“人作为社会的动物，对共同体有着强烈的渴求，而其中又以自由地创造为生命的第一需要，建立与他者的关联为第二需求。”② 后单位时代，个体自由获得较大发展，但个体失去单位共同体的庇护，面临独自承担经济和社会风险的困境。相对于私有制的非人文性，公有制的国有企、事业单位成为青年就业的热门选择的原因在于公有制的人文关怀性。在公有制单位，人们能够获得更多的认同感，相对稳定的安全感，人们对作为精神归宿的共同体的向往，以及当前解决社会原子化风险的时代需求，形成了加快共同体建构进程的动力。利益共同体的构建能为个体提供自由发展的保障和支持，为其争取公平地享受社会福利与公共服务，提供一个表达合理诉求的渠道，使个体获得安全感和归属感，这种内在对共同体的渴望，是形成共同体的内在动力机制。在城市“文明治理”过程中，我们需要通过采用挖掘共同利益的策略，由政府引导和社会组织配合来将这种动机外化为具体的社区自治行动，通过对共同利益的追求，推动城市“文明治理”。落实到城市治理实践中，就

① 尹浩．新时代城市社区治理中的居民主体性培育路径研究［J］．求实，2018（4）：76-87.

② 弗朗西斯·赫塞尔本，等．未来的社区［M］．魏青江，等，译．北京：中国人民大学出版社，2006：5.

是要从多维度、多路径来构建一种新型社区共同体。国家和政府需要在新型社区共同体构建中发挥组织优势，提供多方面的资源支持、理论指引和制度保障。改变社区有“躯壳”无“灵魂”，有“社区”无“文化”、有“人口”无“组织”的非伦理化现状。将社区成员组织起来，通过构建“社区共同体”来满足大家对共同利益的诉求，形成共同利益的观念，在社区对有关共同利益的事务进行协商决策并采取行动，解决社区成员的生活所需，满足社区成员的利益渴求。

利益共同体的构建，另一方面是基于共同体利益和市民个体切身利益之间的关联。首先，是共同的城市生存环境产生的利益关联。城市“文明治理”是“以人为本”的治理模式，其中城市形态文明和功能文明的治理目标，都将改善市民的生存环境作为价值追求方向。不仅在治理过程中突出为民、惠民、利民的目标，而且在成果验收阶段对文明城市“硬件”“软件”环境的测评项目设置中也体现出对市民个体利益的关注。在“硬件”环境的测评中突出与市民生活密切相关设施的考核指标，如集贸市场改造，老旧小区生活环境改善，背街小巷、城乡接合部、“城市村”环境卫生的整治，便捷高效的交通出行等；在“软件”环境考核指标中突出为市民营造和谐宜居的生活环境，并发展文化馆、图书馆、博物馆等公共文化建设，为提高市民文化素养营造文化环境。其次，是利益关联基础上达成的价值共识。由民生环境、文化环境和社会秩序环境等与市民切身利益正相关的利益关联，引申出共谋性的相互认同观念，即共建共治共享文明城市的共同价值追求，在现实中表现为“我们的国家”“我们的城市”“我们的小区”等概念称谓的形成，在精神领域则表现为爱国、平等和民主等核心价值观的逐步形成。最后，是在价值共识指引下的城市“文明治理”实践关联。如在社会层面，自觉维护城市文明形态，在城市公园、广场、铁路、长途汽车站等公共场所以个人文明卫生的行为举止维护环境的干净整洁。在社区层面，积极参与社区自治，为改善社区环境组建自治组织采取共同行动，推进社区全方位的文明治理，进而提高治理成效；在个人层面，自觉加入志愿者队伍，保护城市绿色生态环境，监督市民公共行为文明等。

（三）构建“文明治理”的评价与激励体系

城市治理体系蕴含了两方面的内容，一方面，是在城市治理过程中，由政治、经济、文化、社会、生态等方面的制度与机制有机组合而形成的治理体系；另一方面，是在城市治理后期，对城市治理的结果进行测量的评价体系。[①] 评价体系是将中国城市治理导向“文明治理”的标准，是城市“文明发展”水平测定的标准，同时也是激励城市社会文明发展的制度设计、制度安排和构建。全国文明城市的城市名片为城市带来的资源汇集效应和人文资本等“软实力”的提升，使《测评体系》等评价机制构成了促进城市治理水平不断提升的激励机制。《测评体系》是以促进城市“文明发展”为导向的评价体系，是结合中国城市化发展的现实国情研制出的评价体系，《测评体系》通过对城市“软件”和“硬件”、“设施”与“管理”、“人”与“活动”、“规范”与“引导”、“教育”与“发展”等380多项指标的测评，全面凸显一个城市的形态文明、功能文明、素质文明，并促使三者协调发展，成为衡量城市“文明治理”水平的基准坐标。

全国文明城市的评选是中央文明委对整个城市治理水平的评价，具有高含金量的“全国文明城市”荣誉称号是城市最靓丽的名片，获评城市（城区）将在多方面受益，形成城市“文明治理”的激励机制。

一是“文明治理”目标的实现带来了文明城市在城市形态、城市功

① 李紫娟．国家治理理论的马克思主义源流［M］．杭州：浙江人民出版社，2015：207.

能、城市素质等方面的全面提升。整洁有序的生态环境为城市居民提供了和谐宜居的物质生活空间，文明礼貌的人文环境更能营造出文化厚重的公共精神空间，强化社会的凝聚力，形成良好社会风尚和秩序，使城市整体面貌发生质的改变，提升了城市的资源汇集效应，为城市的可持续发展奠定了良好的基础。

二是“文明治理”的多元参与主体能够共享所获得的利益。首先，是国家层面的方针政策通过测评指标得以落实到地方。其次，是地方城市治理行政机构提高了治理能力，官员的政绩得到中央文明委的认可，激励着地方政府能够调动各方力量和多种资源投入城市“文明治理”行动中来。再次，参与文明治理的全体城市居民拥有了干净整洁的街道、文明有序的生活空间和良好的城市环境，生活品质得到提升和改善。社会组织则在“文明治理”进程中在政府的扶持下获得了成长的空间。

综上所述，中国特色城市化是以“文明发展”为导向，以《测评体系》来引导和促进城市在政治、经济、文化、社会建设过程中实现文明和谐、可持续的城市化。中国特色城市“文明治理”模式是在创建全国文明城市的社会实践过程中形成的，《测评体系》不仅是指导文明城市创建活动的操作手册，也是对城市“文明治理”的评价与激励体系。在其指导下成功创建的全国文明城市，作为城市的靓丽名片，是一种无形资产，其含金量体现于它能够带来大量的战略资源。创建全国文明城市的实质，是在科学发展观的指导下，推动城市发展达到更高层次和水平的实践。作为中国特色城市“文明治理”的重要载体，创建全国文明城市是一项顺民意、得民心的有利于民的实事工程，能够有力推动和谐社会的构建。通过创建活动，城市的功能文明、素质文明和形态文明都能得到极大的提升，依照文明城市的各项标准，能够营造出廉洁高效的政务环境、公正公平的法治环境、规范守信的市场环境、健康向上的人文环境、安居乐业的生活环境和可持续发展的生态环境，从而为市民提供高品质的生活，这是市民积极参与城市“文明治理”最有效的激励机制。

四、中国特色城市“文明治理”的动态更新机制

中国特色城市“文明治理”模式是一个遵循马克思主义文明实践论的动态更新的模式，与时俱进的动态更新机制，可以使“文明治理”模式摆脱模式固化危险，以及由此可能带来的失效治理规则引起的资源浪费问题。与时俱进的动态更新机制，可以把握问题的关键，也可以避免出台无效治理规则引起的治理目标偏差问题。与时俱进的动态更新机制，还能提高预见性以避免由于治理规则的滞后性而陷入手忙脚乱式危机应急处理困境。

（一）动态更新剔除失效治理规则

失效即失去原有的效力，指执行要求功能的某项能力的终结。失效的治理规则指某些治理规则已经完成了它的功能，在新的现实背景下执行要求功能时的某项能力的终结。我们用“不拉马的士兵”的故事来对失效治理规则进行解析。故事“不拉马的士兵”中说，一位年轻的炮兵军官上任后，到下属部队视察操练情况，发现有几个部队在操练中，总有一个士兵自始至终站在大炮的炮筒下，纹丝不动。经过询问，得到的答案是操练条例就是这样规定的。原来，条例遵循的是用马拉大炮时代的规则，当时站在炮筒下的士兵的任务是拉住马的缰绳，防止大炮发射后因后坐力产生的距离偏差，减少再次瞄准的时间。现在大炮不再需要这一角色了，出现了不拉马的士兵。这位军官的发现使他受到了国防部的表彰。

城市是随着时代的前进而不断发展的，城市治理者应当根据治理实

践的需求对各项治理条例和岗位设置及时做出相应调整。否则，治理体系中就会出现"不拉马的士兵"，不仅使得治理机构中出现不必要的岗位设置，造成人员闲置，导致整体治理效能下降的问题。同时，由于机构臃肿、人浮于事，也导致机构中出现关卡重重，增加了办事难度，影响了整体治理机构的公信力。当前国家治理体制改革面临的一个重要问题就是机构臃肿、人浮于事，找出失效规则就是围绕治理的实践需求，把握最新关键点，剔除牵制人力、物力的失效规则，或用新规则取代失效规则，这样才能避免在治理机构中出现"不拉马的士兵"这样的资源浪费，提高治理效能。

回顾 2005 年以来的全国文明城市创建历程，我们可以看到作为中国特色城市"文明治理"模式载体的《全国文明城市测评体系》是不断随着时代的发展而动态更新的。2005 年开始研制的《全国文明城市测评体系》，从 2008 版、2011 版、2014 版、2017 版到 2021 版的"测评体系"版本变化，表明每隔几年中央文明委就会组织一次"测评体系"的更新，而每次更新都是在实地调研基础上，经过文明委各部委办和有关专家共同讨论修订的结果，对前期出现的问题和实践诉求都有很好的回应，最新报道显示："2021 年版的《全国文明城市测评体系》进行了大尺度改善，从考评方式、测评内容、测评指标、创建标准等多维度对文明城市评选提出了更高的要求。在考评方式上改变为每年对所有全国文明城市开展测评，实地测评工作由以往的集中考核改为不通知、不定期、多批次考核，材料申报时间改为实地测评之后。"[①] 这样的改变是对"突击式治理"现象的修正。在测评内容上，"2021 年版的《全国文明城市测评体系》与 2018 年版的体系相比，项目数量有所精减，但内容更

① 一图读懂 2021 年新版《全国文明城市（地级以上）测评体系》，来源：精神文明导刊［EB/OL］（2021-5-28）https://www.sohu.com/a/469170371_121106991

加完善，其中有近 70 条测评标准进一步细化”，测评项目由 12 个减到 9 个，测评内容由 88 项减为 72 项，测评标准由 180 条减为 140 条[①]。这样的动态更新机制保证了“测评体系”中相关规则的与时俱进，每次调整都会剔除一些当前已经无用的失效规则，使得“测评体系”中包含的规则合理有效，保障了中国特色城市“文明治理”模式的实践指导效能。

（二）实地调研把握关键点，剔除无效治理规则

无效指的是没有效果，无效治理规则指的是制定的规则没有把握住问题的关键，对解决治理实践问题没有任何作用。我们引用“袋鼠与牢笼”的故事来说明无效治理规则。这个故事说，一天动物园管理员发现袋鼠从笼子里跑出来了，于是开会讨论，一致认为是笼子的高度过低。所以他们决定将笼子的高度由原来的 10 米加高到 20 米。结果第二天他们发现袋鼠还是跑到外面来，于是他们又决定再将高度加高到 30 米。没想到隔天袋鼠全跑到外面了，管理员们大为紧张，决定一不做二不休，将笼子的高度加高到 100 米。一天长颈鹿和几只袋鼠们在闲聊，“你们看，这些人会不会再继续加高你们的笼子？”长颈鹿问。“很难说。”袋鼠说：“如果他们再继续忘记关门的话！”

这个故事告诉我们，任何问题都有关键点，在故事中关门是核心问题，而管理员局限于常识经验，想当然地认为由于笼子的高度不够才导致袋鼠可以跳出来，基于对引发问题的核心原因的错误判断，采取了无效的应对措施。这种无效的措施不仅解决不了问题，还会进一步加深管理的难度，使得投入不见回报，加大管理者之间的矛盾。

由故事的分析可知，无效治理规则的出现，主要是源于对现实问题把握的准确性不足，中国特色城市“文明治理”模式的动态更新是建

① 一图读懂 2021 年新版《全国文明城市（地级以上）测评体系》，来源：精神文明导刊［EB/OL］（2021-5-28）https://www.sohu.com/a/469170371_121106991

立在对中国发展现实背景的把握和对全国各大城市进行实地调研基础上的更新，这样的更新具有时效性，同时是针对治理实践问题提出的更新，提高了对问题出现原因的认知，避免了由于舍本逐末的无效治理规则的制定而出现的治理目标偏差。例如，随着新时代的到来，中国社会的基本矛盾发生了变化，针对这些现实变化，最新版的测评体系也相应地做出了调整，“从最新版测评体系看，2021 年版全国文明城市测评体系呈现出 5 个方面变化：一是更加突出政治要求，将‘信仰坚定’加入文明城市的定义之中；二是更加突出精神文明，相关指标占比从 29% 提高到了 40%；三是更加突出民生导向，在测评指标总量精简的大前提下，与民生相关的指标占比大幅提升，要求进一步提高；四是更加突出群众主体，群众满意度最低标准由 85% 提升到 95%，群众参与率最低标准由 95% 提升到 98%；五是更加突出城市核心竞争力和综合实力，新增了完善科技创新体制机制，提升全社会研发支出占比和全员劳动生产率等指标”①。由此可见，中国特色城市“文明治理”模式的动态更新可以有效抑制无效治理规则的出现，这样的机制提高了模式对治理实践问题的解决效能，提高了达成治理目标的精准性。

（三）动态更新催生治“未病”的长效机制

长效机制指能长期保证制度正常运行并发挥预期功能的制度体系。中国特色城市“文明治理”模式的动态更新机制，不仅需要避免失效治理规则和无效治理规则的出现，还需要能够预见治理问题，将问题解决于未发生之前的治“未病”的长效机制。故事“扁鹊的医术”很好地说明了治“未病”的重要性，魏文王问名医扁鹊说：“你们家兄弟三人都

① 郭素素 .2021 年版《全国文明城市测评体系》有新变化，来源：澎湃新闻・澎湃号・政务 [EB/OL]（2021-6-15）https://www.thepaper.cn/newsDetail_forward_13157561

精于医术，到底哪一位最好呢？”扁鹊答：“长兄最好，中兄次之，我最差。”文王再问：“那么为什么你最出名呢？”扁鹊答：“长兄治病，是治病于病情发作之前。由于一般人不知道他事先能铲除病因，所以他的名气无法传出去；中兄治病，是治病于病情初起时。一般人以为他只能治轻微的小病，所以他的名气只及本乡里。而我是治病于病情严重之时。一般人都看到我在经脉上穿针管放血、在皮肤上敷药等，所以认为我的医术高明，其实真正厉害的是长兄。”

故事“扁鹊的医术”告诉我们，事后控制不如事中控制，事中控制不如事前控制。城市治理的初衷源于解决城市中出现的给居民生活带来不便的问题，在中国进入新时代后，城市治理实践要求解决的问题已经由解决温饱等基本生存问题升级为妨碍人们提高生活品质，影响人民实现对美好生活向往的问题。因此，最初的“头疼治头，脚疼医脚”的应急式治理方式已经无法满足提高人民生活品质的需求。现代化的城市治理不能满足于事后解决问题，而需要增强提前预知和及早发现问题的能力，也就是需要通过基于时代发展背景变化，提前预测城市发展将会遇到的困境，在问题爆发之前找到预防问题发生的应对办法。中国特色城市“文明治理”模式的动态更新机制，可以保证治理模式的先进性，来源于实践调研并成形于顶层设计的动态更新机制是催生治“未病”的长效机制。

第三节　中国特色城市“文明治理”模式实现的路径

一、中国特色城市“文明治理”的精细化路径

中国特色城市“文明治理”模式，通过精细化的方法来实现对城市

的全方位、系统性治理。精细化治理源于发达国家的一种企业管理理念，该方法旨在应对由于精细的社会分工和精致的服务质量，而引发的对城市治理的挑战，将常规治理引向深入的一种治理方法，它以理性精神为基础，将治理责任明确化、具体化，使治理目标分解细化到每一个治理环节，并通过专业的、科学的手段和方法，最大限度地降低治理成本，提高治理效能，使政府可以提供精准且高效的公共服务，及时有效地解决城市问题。

“为人民服务”是中国共产党的根本宗旨，也是全体党员的行动准则，体现了人民至上的价值追求。精细化管理抱着“以人为本”的宗旨，在治理过程中不断探究公众所需，追求人的自由、幸福以及可持续发展，以是否能够增强人们的幸福感与满意度，作为衡量社区治理工作成效的首要标准。这意味着城市治理的价值追求从管理“物”和满足“物”的需求，上升到为了人的幸福而不断改善环境，打造优良生活品质的目标上来。在制定和执行公共政策的过程中，政府关注的首要内容应该是满足公众的需求，将提高公众满意度作为政府工作的出发点，并通过各种措施，鼓励人们积极参与社会治理，因而“文明治理”模式下的精细化治理路径需要取得以下几方面的成效。

（一）精细化治理提升治理效能

随着社会分工越来越精细，城市治理面对的问题越来越复杂化、系统化，而早期治理模式所形成的粗放式管理的惯性思维，习惯于以模糊的方式制定工作计划、工作流程和事后监督措施，缺乏具体、可操作的量化标准，以至于政府工作只是流于面上的完成计划。由于缺乏对具体问题的精准把握，导致出现一边是政府不断加大人力、物力资源的投入用以应对层出不穷的城市问题，一边是大众因无法更好地满足个性化需求而不断诟病政府工作的矛盾状况，城市治理面临效能难以提高的政府失灵局面。为应对这一局面，在城市“文明治理”模式中将采用专业、科学、细致的精细化治理方法来回应新挑战，达到不断提高城市治理效能的目标。

老子说：“天下难事必做于易，天下大事必做于细。”再难的事都可以通过细节分解，使大事、难事变成容易解决的具体小事来完成。精细化治理的实质，在于将城市治理的任务进行细致的划分，通过规范化、标准化、程序化和信息化等现代化手段来降低治理的成本、提高治理的效能，其核心理念是：关注个体和局部等细节，相信理性、科学和专业精神，强调精打细算、一丝不苟和追求卓越。其核心内容为：

一是不断追求精益求精的治理成效，实现以最低的成本提供最高质量的公共服务。这是政府治理能力现代化所追求的目标，也是当前提高政府治理效能所期待达到的最终结果，这需要在转变政府职能的过程中进一步理清政府的职能，明确界定政府职能的界限，并从政府职能中精心选择出社会最需要履行的职能。同时，我们必须坚持城市治理主体多元化的立场，鼓励社会主体广泛参与治理，整合多种社会资源和社会力量，共同推进城市治理水平的提高。我们还需要强调治理手段多元化，运用行政、市场、法律及社会舆论等多种手段，调和利益差异、意见分歧及冲突，实现多元协同的共治。

二是准确把握城市治理问题。精细化治理是与现代科技的应用紧密相关的治理路径。随着现代科技的发展，数据挖掘越来越深入和精细，信息和决策的准确性能够被大幅度提高，政府能够获得更加充分的信息，从而做到对城市治理问题更准确地把握。通过制定准确的计划、决策、政策，引导政府提供更加个性化、人性化的公共服务以满足多元化的社会需求，进而缓解因政府盲目加大投入忙于应对层出不穷的城市问题，以及因市民的多样化需求无法得到有效满足的政府失灵局面。

三是城市治理过程中的工作细化和规范化。在城市治理过程中注重细节，重视个体和局部，不仅需要通过细化职责把工作、服务、管理目标以责任清单的形式落实到具体部门和责任人，在治理清单中罗列治理主体、治理事务以及主体与客体之间的关系，明晰治理依据，将操作流程细化、管理工作细化进而推进执行过程的细化，力图在动态过程中使城市治理走向精细化。通过政府工作的流程再造，进一步优化政府的组织结构，增强政府工作的执行力和公信力，进而以高质量和高效率的公共服务供给来不断满足民众的需求。针对政府管理服务，通过科学制定涵盖全过程的流程规范和技术标准，对工作目标进行细化，对责任轻重程度进行量化，使城市治理成为目标更加明确、责任更加具体，并能进行量化考核和责任追溯的过程，从而确保治理工作的质量。为了保证政府治理工作的流程更加科学有效，就要随着人们需求的变化和技术的改进，对现有工作流程不断进行细致的审查和优化。同时，为了保障流程能够被高效执行，就需要构建更加合理的组织结构，而当前的“大部制”改革，就是针对影响执行效率的组织结构问题，通过不断减少中间环节，疏通执行渠道和理顺部门关系来优化结构，从而为精细化管理的实施提供优良的组织保障。

四是严格执行过程的监督和结果的监测。精细化治理要求做到对治理过程中各项工作执行状况的严格监督，对于政府已经制定的标准和流程要做到严格执行。通过严格的监管来控制目标偏差幅度，进而保障执行的效果。高科技的运用，为观察各类主体的行为提供了“第三只眼”，让公民能够对公共服务的过程进行跟踪，增强了公共服务供给的主动性，也确保了服务的质量。作为“文明治理”模式下的系统化治理方法，“精细化治理不仅追求运行过程的规范性和可见性，也关心结果的可测量性和可计算性。”[①]通过依据测量的标准，运用大数据来分析和判断公众对公共服务质量的评价结果，以此为基础不断改善服务质量和提高满意度，达成提升治理效能的目标。中国特色城市“文明治理”模式是随着全国文明城市的创建过程在各个城市逐步展开的治理模式。《测评体系》用具体、可操作的量化标准来取代传统模糊的工作要求，在政府工作中，确立精细化治理的理念，并将其贯彻落实到各个环节，进而不断强化对治理过程和结果的监测。具体而言，就是要在宏观层面，通过不断加强政府管理的制度化建设，把工作流程、责任归属等都落实到位。在政策的制定、执行和监督中体现精细化的全过程管理的理念，通过规范的约束促使精细化治理落到实处。通过制度建设将工作细化，用相配套具体可行的操作办法以及相应的制度来规范政府管理行为，使得职能部门中每个人的责任更加清晰，便于明确各人的工作定位，杜绝出现相互推诿、扯皮等降低工作效能的现象，也便于通过考核和问责，严格督促各项工作被执行到位，避免精细化管理流于形式。[②]在实践层面，通过在文明城市创建过程中制定权责清单，经由任务分解和落实清单，将测评指标的各项要求落实到各个部门和具体责任人。一方面通过界定城市基层政府及其派出机关的职权，对其工作内容、工作依据、工作流程以清单形式公布，保证治理权力运作方式的规范化；另一方面，通过培训，帮助公务员树立精细化治理的理念，明确其岗位职责并掌握相关工作技能，使该理念内化于政府工作人员的意识之中，外化于日常的现实工作中。由于全国文明城市的测评活动有三年一个循环的制度规定，为保障评估结果的科学性和精确性，《测评体系》中的指标并不是一成

① 韩志明．精细化治理：城市治理的现代化之路［N］．中国社会科学报，2019-7-17（7）．
② 黄程栋，施国栋．政府精细化管理的实现之维，来源：学习时报［EB/OL］．（2014-12-22）http://opinion.people.com.cn/n/2014/1222/c1003-26255119.html

不变的，会依据实地调研的结果进行动态的更新，这使得城市精细化治理目标、内容也始终处于动态调整、持续改进的过程中，而城市为保留文明城市称号的努力，则使得精细化的城市“文明治理”落实于城市的长效治理机制中，为政府提高城市治理效能提供了持续动力。

（二）精细化治理增进社会秩序

优良的社会秩序是人们正常生活的保障，是实现城市“文明治理”功能文明目标的标志。社会秩序分为既定的社会秩序和理想的社会秩序两类。精细化治理对于既定的社会秩序而言，是对秩序的维护和强化，一个社会不可能没有冲突和无序的现象，维护秩序就是将这些现象控制在一定的范围内，从而保持社会的正常运转。精细化治理对于理想社会秩序而言，就是一种创造和建设。城市“文明治理”模式下的精细化治理不仅是对既定秩序的维护和强化，也是对理想社会秩序的创建。一方面通过不断强化治理基础工作，系统梳理治理流程，细化各项制度、标准、记录、监督、控制和考核体系，使城市治理基础工作更加规范化和系统化，从而保障既定社会秩序得到较好的维护和强化；另一方面，通过顶层设计不断完善各项规章制度，强化理想信念教育、社会主义核心价值观建设和培育社会的文明道德风尚来创建新的理想社会秩序。

基于精细化治理对既定社会秩序的维护和对理想社会秩序的创建，在城市“文明治理”模式下的社会秩序良好体现为社会成员自觉遵纪守法，崇尚道德，行为举止文明，人人按照社会规范行事。一是社会个体和政府部门自觉遵守法律法规，不仅社会个体成员要自觉遵纪守法，政府部门更应该带头遵纪守法，让依法行政成为政治文明的现实体现。《测评体系》将创建廉洁高效的政务环境纳入考核指标，并细化为政务行为规范、依法行政、政务公开等具体指标，以精细化治理确保了依法行政的落实。二是在社会中倡导崇尚高贵的道德追求，使道德规范得到有效实施。自觉遵循道德规范，是社会良好秩序形成的社会环境基础。中国传统文化内含着以德治国的强大基因，社会先贤的道德示范作用引领着整个社会风气的形成，当前道德楷模的评选是推进道德建设的重要措施。在城市“文明治理”模式中，相关内容被细化为志愿服务制度化、道德模范的评选表彰和学习宣传等指标模块，并纳入《测评体系》中进行考核。三是保障全体公民平等享有各项权利和自由。自由是每个公民对自身价值的追求，拥有平等权利的个体，才能形成自由联合的社会组织，才能推进个体的全面发展，促进个体自由参与社会互动，进而实现整体社会的发展。在《测评体系》的公平正义的法治环境模块，将相关内容细化为公民权益的维护、基层民主政治等指标纳入考核体系，确保相关政策得到有效执行。四是提高整体社会的文明程度。人类社会从野蛮走向文明，整体的文明程度越高，城市的社会秩序就会越优良。社会文明包括解决社会问题和矛盾的方式的文明，改变过去以征服和强制为主要方式的城市治理模式，以法治、协商、民主、对话等文明方式来解决城市治理面临的问题，使文明出行、志愿服务、尊老爱幼等文明行为和文明习惯推动社会形成文明风尚。

（三）精细化治理优化社会生态

城市是人生活的地方，走进新时代的中国城市治理的目标在于为居民打造高品质的生活，提升居民的幸福感。而城市中形成的优良的社会生态环境，将对公共的生活习惯和行为产生直接影响。[①] 因此在城市“文明治理”模式下通过精细化治理所要达到的社会生态的优化，就是打造由有利于社会发展和公民生活自由的各种制度和非制度因素构成的社会基础环境。社会生态是人类社会和自然环境相互联系、相互作用的

① 桂家友．国家与社会变革中的城市社会治理研究［M］．上海：上海人民出版社，2015：191.

生存状态，它主要由环境要素和社会要素构成。其中环境要素包含了由动物、植物、微生物生命体及阳光、空气等生存条件构成的自然环境和由道德伦理、文化传统及科技知识等构成的社会环境；社会要素则主要由生产者、管理者和破坏分子构成。

城市“文明治理”模式中通过对环境要素和社会要素的精细化治理，以实现社会生态环境的优化。

首先，是对社会要素的优化。社会要素的核心是人，社会生产者、社会管理者的知识、智力、能力、体力以及价值追求构成社会发展的基本动力，而对社会破坏分子的约束与改造则是对社会优良生态环境的维护。在城市“文明治理”实践中，对社会要素的优化，落实在《测评体系》打造健康向上的人文环境、廉洁高效的政务环境、公平正义的法治环境、有利于青少年健康成长的社会文化环境，以及安全稳定的社会环境建设等模块里，具体细化在强化国民教育、科学普及、市民素质提升、民族团结进步、公共安全体系建设，以及强化未成年人思想教育等制度安排和指标考核中，通过制度安排为提升人的素质提供保障，通过指标考核督促相关制度的落实，提高执行力度，确保“以人为本”的治理宗旨体现于城市治理的各个环节中。

其次，是对社会环境要素的优化。社会环境是由人在长期进化过程中形成的观念、伦理、信仰等纲常道德伦理系统，由历史文脉传承和科技知识等所形成的传统文化习俗系统，由社会组织、法规、制度、政策等构成政治管理系统，以及由住房、交通、商品交换等形成的公共生活系统所共同构成。在城市“文明治理”实践中，优化社会环境的精细化治理，通过《测评体系》所包含的理想信念教育、社会主义核心价值观建设、培育文明道德风尚，以及建设现代公共文化服务体系、建设诚信守法的市场环境、建设舒适便利的生活环境等模块得以体现和落实，通过弘扬中华优秀传统文化、树立道德模范，以及加强诚信制度化、志愿者制度化建设，将相关教育和培育目标融入百姓日常生活中，达到在潜移默化中不断优化社会环境的目标。

最后，是对自然环境要素的优化。人与自然的共生性，决定优良的自然环境是城市能够持续发展的基础，也是城市生态文明建设的目标。人类经历了原始文明、农业文明、工业文明，生态文明是工业文明发展到一定阶段的产物，是实现人与自然和谐发展的新要求。前期在资本逻辑指引下的粗放式发展所形成的对自然资源的过度掠夺，造成了污染严重、自然环境恶化等不可持续发展问题。面对自然环境不断恶化的挑战，在城市“文明治理”实践中，精细化治理将对自然环境的优化落实在《测评体系》的可持续发展的生态环境模块中，通过对城市建成区绿地率、人均公园绿地面积、生活垃圾无害化处理率和消除黑臭水体等具体的指标要求，以及对城市空气质量、水环境质量的监测和对耕地、林地的保护措施，达到优化自然环境的目标，构建起人与自然和谐共处的城市生态文明系统。

二、中国特色城市“文明治理”的社会化路径

中国特色城市“文明治理”模式通过推进“社会治理社会化”来提高社会参与度。“社会治理社会化”是指全面理解社会的重要性，引入社会力量，以社会组织和社会资源为基础，推动社会事务多主体合作治理的过程。[1] 通过社会化路径，一方面变革城市“文明治理”手段，扭转“过行政化”治理方式，增加诸如市场化、法制化等各种多元的治理手段，打通有效渠道，从而让社会力量参与城市治理更有保障；另一方

① 吴晓林．“社会治理社会化”论纲——超越技术逻辑的政治发展战略［J］．行政论坛，2018（6）：38-45．

面是通过培育社会组织和提升居民的治理能力，奠定社会参与的基础，达到成功引入多元力量共同参与城市治理，优化治理主体结构的目标。

（一）社会化治理对简单行政化治理的变革

“社会治理社会化”于 2017 年 10 月被写入党的十九大报告，是我国在探索社会管理模式、推进国家治理现代化进程中提出的一个新概念。党的十八届五中全会指出，要“构建全民共建共享的社会治理格局”，“社会化”治理被首次提及。党的十九大提出“打造共建共治共享的社会治理格局”，进一步加重了“社会化”的治理内涵。

城市“文明治理”模式下的社会化治理对传统简单行政化治理的变革体现在五个方面：

一是城市治理目标的变革。“文明治理”模式下的城市治理目标，已经从传统社会管理模式下单纯追求经济增长转向更加重视人的因素，在“以人为本”的理念指引下，不断提升人民群众的幸福感以及推进人的全面发展，成为新的城市治理目标。

二是城市治理内容的变革。随着政府职能的转变，城市治理内容从传统模式下强调实行政府对社会的“管控”转向强调为社会提供优质的公共服务。

三是城市治理方式的变革。从传统的自上而下的单向政府行政性管理，转向自上而下和自下而上两者相结合的政府与民众上下互动的双向多元主体协商共治。在行使公共权力期间，增加了听取利益相关者意见的程序，在制定决策时，让受决策影响的利益相关人参与其中，强调决策者与之双向沟通和协商对话的过程，通过这种形式进一步提高决策结果的公正性。也就是强调在法律框架下，让利益相关者参与决策的制定和治理活动的整个过程，将与人民切身利益相关的事项，诸如涉及一般民生问题的社会事务和相关政策交给民众去讨论和协商。

四是对城市治理主体结构的变革。在“文明治理”模式下，城市治理的主体结构已经从单一政府主导结构，转变为在党的领导和民众的充分参与下的政府负责结构，鼓励民众积极参与城市治理，培育各种社会组织和基层自治组织，使其成为人们参与治理的有效平台。强调在制定城市治理的相关决策时，不再只由权力机构来单方主导，要转变为让群众参与，让双方通过互动协商来共同做出决策。在新的多主体共同治理体系下，政府不再是单一的管理主体。政府通过专业化和精细化的方法来分解管理城市的权力，并通过市场导向的渠道将其授予社会组织、企业和公众。在参与大城市治理的过程中发挥社会组织、企业和公众各自拥有的公共资源优势，提高了城市治理效能，减少了政府的管理压力。同时，通过其他主体与政府的有效协调和互动，在城市治理过程中对政府的政策制定与措施的采纳，形成一定程度的制约或支持，使参与城市共同治理的不同主体能够协调行动、相互制约和相互控制，共同优化走向文明发展的城市治理的效能。

五是对城市治理范围的变革。改变早期治理模式下政府在城市治理范围中既掌舵又划桨、包打天下的局面，在明确政府、企业和社会三方职能界限的基础上，使城市治理向全社会开放。在“文明治理”模式下政府通过简政放权，进一步加快了转变政府职能，对政府的职能进行科学分析、梳理、取舍，在对政府工作范围有了清晰界定的前提下，处理好了政府与市场、政府与社会的关系。政府只需把职责内的事情管好，当一个“掌舵者”，而将该放的权力给予社会，既在宏观上保持了经济社会的持续健康发展，又在微观上激发了整个社会的活力。

（二）社会化治理对城市治理主体结构的优化

中国特色城市文明治理主体的多元化不同于西方社会的多元化，中国城市治理主体间的关系存在主与次、中心与外围的差别。部分具有政治、政府背景的主体是主体结构中的核心，其余主体则为辅助力量，形成中国城市治理主体既多元又统一，有主有辅的主体结构。这样的主体结构不仅有利于调动各个方面的积极性，缓解政党政府的管理负荷，也有利于保持稳定有序，防止在社会转型时期由新自由主义思潮带来的潜在的社会分化风险。在具有中国特色的城市多元化的“文明治理”主体结构中，处于核心层的是中国共产党，它是城市治理主体中最重要的核心力量。党组织通过思想理论建设，用主流意识形态把全体党员和社会成员团结在一起。通过严密的组织体系，让党与其他城市治理主体紧密联系在一起。通过在其他治理主体中建立党组和党委融入各个主体，保证在最基层和最基本的单位中体现党的领导，贯彻落实党的主张。处于次核心层的是国家政权机关。在城市治理主体结构中，行政机关是法定的管理主体，政府等行政机关主要负责处理各种具体的公共问题，管理城市各项公共事务，是实施公共管理的直接主体。处于外围层面的是社会力量，主要由企事业单位和社会组织构成，是公共服务实际供给者和公共管理的主要参与者，也是实现城市社会化治理的实际承接者。中国特色城市“文明治理”主体结构如图 5.1 所示。

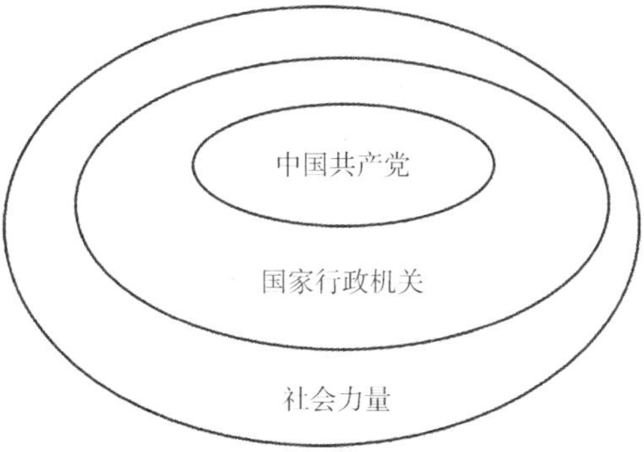

图 5.1　中国特色城市文明治理主体结构层次图

图注：图片根据相关分析自制

中国特色城市文明治理模式下的社会化治理对城市治理主体结构的优化主要体现在对社会组织的培育和提高城市居民的城市治理参与度两个方面。

1. 社会组织的培育

20 世纪 90 年代，在国外“第三部门”理论的影响下，“志愿者组织”“非营利组织”“非政府组织”和“慈善组织”等概念渐渐引入中国。随着社会分化程度越来越高，社会管理的难度加大，政府的能力和财力都无法独立承担社会管理的职责，向社会放权、走向社会化治理成为必然选择。社会组织在国外被称为“非政府组织或非营利组织（NGO 或 NPO）”，是指人们为了实现某种共同的目标，按特定的结构形式、活动规律结合起来，有固定的成员、权力和利益结构的社会团体。社会组织是实现城市社会化治理的重要主体，大多数组织的宗旨是为社会服务和促进社会公共福利，它们在公共事务管理中发挥着越来越重要的作用，并不可替代地被用来弥补社会治理中的政府失灵和市场失灵。社会组织的培育工作是实现城市治理主体结构优化的关键，关系到当前城市社会化治理的有效性。

在中国特色城市“文明治理”模式下，社会组织的培育主要通过两种途径实现。一是完善政府相关政策，提高扶持力度。政府应健全和完善相关政策规定，运用政策引导、政策优惠、税收减免、专项奖励等政策手段，更好地鼓励和支持更多的社会组织发展。通过加快有关政策和法规的制定来支持社会组织，增加对培育社会组织有帮助的公益组织的支持，并促进社会组织的培养和发展，让社会组织享受更多更好的政策优惠和制度支持。例如，美国政府对社会组织开展的与其宗旨相符合的活动给予免税，并对向公益组织捐赠，提供财务支持的组织或个人给予减免税等优惠政策。由此可知，政府需要通过对社会公益组织的建设给予实质性肯定和鼓励，诸如通过对投身于公益活动的企业在税收方面实施优惠，在政策上进行扶持并设立专门的奖项给予奖励等，从而为社会组织获得市场支持提供合法性空间。“同时也要学习欧美国家先进经验，建立健全社会组织培育平台的市场化运作机制，允许民办非企业单位通过多种渠道筹集资金、允许金融机构成为企业向社会组织投资的中介”。[①] 二是打造孵化平台，着力推进社会组织能力建设。在早期城市治理模式下，由于缺乏社会组织的成长空间，导致社会组织出现发育缓慢、类型单调、数量和质量均不理想的局面，无力承接在政府转变职能后分解出的部分社会治理职能。在《国务院机构改革与职能转变方案》中提出要变革社会组织管理制度，给社会组织的发展创造了很好的条件，同时也对其发展提出了要求。针对工会、共青团、妇联等具有中国特色的组织发展基础很好，而其他类型的社会组织则相对薄弱的状况，许多城市纷纷建立了社会组织孵化中心，以促进社会组织的培养和发展。孵化中心一方面通过入壳孵化模式，为社会组织提供硬件设施和软件服务，对处在成长过程中的社会组织进行系统的培育和扶持，促进其实现持续健康发展。同时针对具有公益服务意愿的“草根”型组织或初创期社会组织的特点，为其提供战略规划、项目设计与管理、筹资等系列培训，提升其项目及组织运营能力，推进社会组织的自我发展。另一方面，为社会组织建立电子信息网络，公布政府转移出的部分职能和所需购买的服务事项，通过发布社会组织的有关活动信息，实现政府与社会组织、企业与社会组织、社会组织与社会组织之间的对接。同时为社会组织牵线搭桥，对各社会组织的公益资源进行合理高效的配置，通过公益创投等项目引导社会组织之间开展公益项目合作，在实现资源共享

① 吴青熹．社会组织培育的三个着力点［N］．学习时报，2015-10-17.

的同时，提升社会组织开展承接项目，用以筹集资金的能力。最后，孵化中心通过在新的社会组织中建立党的基层组织来引领其发展方向，并通过具有专业性、稳定性、连续性的“第三方评估机制”对其进行间接管理，同时充分发挥公众的力量对社会组织进行监督来不断提升社会组织的服务效能。

通过社会组织孵化中心的培育及志愿者服务制度化建设等举措，当前中国的社会组织培育成果显著。据民政部统计，截至 2015 年 3 月底，我国共有社会组织 61.3 万个，同比增长 10.9%。其中包括 31.2 万个社会团体，4 190 个基金会，以及 29.7 万个民办非企业单位。2019 年 1 月中央人民政府网站数据显示：中国社会组织登记数量已超过 80 万家，全国标识志愿者服务组织 1.2 万个，全国志愿者服务信息系统注册志愿者人数超过 1 亿人，记录的志愿服务时间超过 12 亿小时。[①] 良好的社会组织培育为社会化治理打下良好的基础，城市治理的社会化路径，一方面为社会组织的成长提供了空间，另一方面，社会组织的能力不断提升，正不断优化着城市治理的主体结构，逐步形成政府、社会和市场多元协同、共同治理的城市治理主体结构。

2. 提高城市居民的城市治理参与度

中国特色城市文明治理模式下的社会化治理对城市治理主体结构优化的另一方面，体现于城市居民的城市社会事务治理参与度的不断提高。提高城市居民的城市治理参与度的根本途径，在于通过培育公民的城市治理主体意识，以公共政策引导和鼓励居民参与城市治理，并提高居民的相关能力，使其在环境保护、减轻贫困、照顾老年人和残疾人等方面发挥重要作用。

---

① 罗争光．我国社会组织登记数量已超过 80 万家，来源：新华社［EB/OL］.（2019-1-3）http://www.gov.cn/xinwen/2019-01/03/content_5354592.htm

随着市场体系的建立和完善，中国建立起“市场在资源配置中起决定性作用”的市场经济体制，市场不仅为公民自主生活提供了物质空间，还对人们的交往习惯和社会规则产生日益重要的影响。市场体系中通过公平竞争获取资源和利益的规则，使公民将维护个体利益和参与管理社会事务联系起来，进而逐步培育起公民更强的主体意识。

新时代的中国特色城市治理是“以人为本”的治理，是以保障个体自由全面发展、培育公民的城市治理主体意识、实现居民现代化为目标的治理。居民现代化的实现，意味着居民具有积极参与城市治理活动的权力和能力，而居民的主动参与，是构建“共建共治共享”的社会新格局的前提和基础，当前培育和提高居民参与度主要有两条路径。

路径之一：通过赋权确立居民主体地位。

城市治理经历物质文明治理、制度文明治理阶段，最终必将走向以居民现代化为目标的“以人为本”的治理阶段，因为只有实现“人的现代化才最终标志着社会现代性的完成”。[①] 居民现代化意味着居民主体意识复苏，成为自觉承担社区责任，具备以公共精神为核心价值自觉的社区成员，也意味着居民将更主动积极地参与到社区自治中来。

培育居民的城市治理主体意识，提高居民对相关事务的参与度，需要通过赋权来实现，首先要赋予居民在关于社区事务治理方面的话语权，其次要赋予居民对社区资源的支配权。居民需要一个表达个体合理诉求的渠道，通过这个渠道来争取和维护自己的利益，因此赋予居民话语权和对社区资源的支配权，一则可以为居民的合理诉求提供有效的表达渠道，加深居民对社区共同体的信任和依赖，增强两者的联系；二则

① 金耀基. 从传统到现代［M］. 北京：法律出版社，2010：4.

通过参与社区公共事务的治理，激发居民对社区治理的责任感和权力意识，确立居民在社区自治中的主导地位，并培育居民的公共精神。居民获得话语权和资源支配权的实现，需要政府的政策支持和社会组织的专业指导。例如上海市浦兴街道的社区“协商民意测验项目”[①]，政府提供了社区自治金，并将资金的支配权交给了社区，而社会组织则提供了专业的操作方法指导，使得社区得以通过科学抽取社区居民参与协商的方法，将社区自治金如何使用，用在哪些项目中的话语权和支配权赋予了社区居民。项目实施的结果是：科学的抽样不仅让青壮年群体也参与社区自治项目，扩大了社区居民的参与面，而且赋予了社区各个群体对社区事务协商治理的话语权，提高了居民参与相关治理事务的积极性。据参与项目的复旦大学城市治理比较研究中心的统计结果显示，项目的实施有效提高了居民对公共利益的关注度。

在现实中，由于各个社区特点不同，社区治理中既有共性问题，又有个性问题，政府阳光普照式的社区治理，无法照顾到社区的个性问题，社区居民才是社区问题解决的最终受益人，因此，居民协商提出的急需解决的社区问题，才是居民真正关心的问题。只有赋予居民话语权和支配权，才能抓住社区治理的要害，并激发居民的主体意识，提高社区治理活动的参与度。正如南昌市西湖区社区治理的成功经验所表明的“居民有了话语权，民生实事才能真正办到心坎上”。[②]

路径之二：党建引领下的多方协作，以“助人自助”方式推进居民自治能力现代化。

体现个体自由全面发展的居民现代化不仅是通过赋权就能实现的，

---

① 韩福国等．民主如何可操作：上海城市治理首次“协商民意测验”［N］．澎湃新闻．2015-6-10.

② 弗朗西斯·赫塞尔本，等．未来的社区［M］．魏青江，译，北京：中国人民大学出版社，2006：5.

当前更急切的是赋能，因为“信息不对称”[1]状况的存在，使得居民对社区事务不了解，而因为社区事务的复杂性更使居民觉得无力参与，从而形成居民参与积极性不高的情况。只有当居民掌握了民主自治的技能和方法，才能够有效行使自治权力，才能够协调多元利益需求，形成社区价值共识，推进社区共同体的共同意识的凝聚，并实现社区治理的现代化。

通过赋权可以培育居民的主体意识，给予居民参与社区自治的理念，而赋能则能提高居民自治的技能，建立居民自治的信心，将理念转化为行动。赋权让居民获得社区治理的话语权和社区资源的支配权，但如果没有以“助人自助”的方式提升居民自治的能力，就可能会加剧小团体居民的功利化倾向，形成“特殊利益集团”并不断向社区外部提出个性化要求，导致社区外部供给的偏向性结果。公共选择理论表明“特殊利益集团”的存在对于制定公平、公正的城市治理制度会产生较大的影响。“特殊利益集团”会形成对公共利益的屏蔽，造成供给的偏向性，侵蚀那些被排除在“特殊利益集团”之外的弱势群体的利益，使他们的诉求被忽略，结果形成外部公共服务供给越多居民越不满足的现状。例如，社区流动人口因为组织太松散，流动性强，常常被排斥在大部分利益集团之外，他们的利益诉求传达渠道缺失，利益保护常常被城市治理机构忽略。

因此，赋权与赋能相结合才能有效推进居民的现代化。赋能需要以党建为引领，通过居委会、业委会、物业和社区内社会组织等各方的合作，采用“助人自助”的方式来提升居民的自治能力。“助人自助”的

---

① 信息不对称指在市场经济活动中，各类人员对有关信息的了解是有差异的；掌握信息比较充分的人员，往往处于比较有利的地位，而信息贫乏的人员，则处于比较不利的地位。本文指居民相对其他治理主体而言的对社区信息掌握的有限性。

赋能方式，首先，需要社区党支部发挥组织覆盖优势，吸引社区骨干力量参与社区治理，引导社区内的社会组织，通过向居民传授社会工作方法，使其具备有效选择治理技术和工具的能力，推动社区治理技术的现代化。例如，在社区公共决策中，学会运用公共选择理论中的“偏好显示机制”，提高人们传达需求和利益的能力。其次，需要社区党支部牵头为居委会、业委会等社区内组织打造协作平台，从而提升社区自组织的能力，实现社区组织的公益化，进而增强居民的公共精神。由熟知社区情况的本社区社会工作者和社工机构来引导居民成立社区公益互助组织，搭建协同互动平台来实现居民的“互助”。通过提升社区自组织的公益性来培育居民的公共精神，避免出现因社区自组织的公益性不足，“特殊利益集团”借助组织载体扩大化进而侵占居民公共利益，加剧社区矛盾的情况出现。最后，需要发挥党建的政权优势为社区自治提供制度保障，通过建立相关制度，加强对本社区社工的培训，提高社区自治水平。增强本地社工对社区情况的了解，加强对居住在本社区社工的培训，不仅可以不断提高社工为社区服务的能力，保证社区内社工服务的长久性和可持续性，而且可以让社工在掌握社区基本情况的基础上有针对性地开展具有社区特色的活动，提高社区居民的参与度。例如，上海市徐汇区梅陇三村的“绿主妇”环保志愿者行动小组，就是由社区工作者尚艳华针对梅陇三村被称为“垃圾三村”的现实开展的特色活动。如今“绿主妇”环保志愿者行动小组，逐渐通过一系列项目，延伸扩展到更多社区公共事务的治理，“绿主妇”旗下的垃圾减量活动组、家庭阳台一平方米菜园团队、环保创意设计组、调解工作室等相继成立，从“治理垃圾”到“凝聚人心”，使传统的社区管理拥有了新的内容。

在社会利益主体分化给城市治理带来巨大挑战的背景下，城市的“文明治理”采用社会化和精细化的治理方法来优化城市治理主体结构，提升主体的参与意识。通过加强社会组织的培育和建设，使多元主体共同参与社会事务的治理成为城市治理效能强化的关键。社会化的治理通过引导社会组织和个体积极参与城市治理，增强主体对公共服务的责任感，以弥补因政府失灵和市场失灵所导致的公共服务有效供给不足，这既是在城市治理过程中践行“以人为本”的理念，也是对单一行政化治理的重大变革。

三、中国特色城市“文明治理”的科技化路径

云时代的来临，社会各领域随着大数据的运用正在发生变革，哈佛大学教授加里·金说：“这是一场革命，庞大的数据资源使得各个领域开始了量化进程，无论学术界、商界还是政府，所有领域都将开始这种进程。”城市“文明治理”模式借助大数据等科技化手段的运用，极大地提升了文明治理的技术与方法。智慧城市建设，通过运用信息和物联网等技术，不断提升城市治理的专业化、市场化和网络化水平，体现着当前中国提升城市治理技术与方法的科技化路径。例如，城市政府可以利用大数据技术去挖掘和了解公众的需求，针对公共服务有效供给不足等问题，在政府决策过程中将各方面的利益诉求和群众的各种需求加以充分考虑，通过对数据进行专业化处理，确保做出的政府决策，能够得到群众认可，经得起实践和历史检验。

在互联网时代，中国特色城市“文明治理”的科技化路径体现于智慧城市建设和微平台社区建设。智慧城市是城市信息化发展的高级阶段，是信息通信技术与新的城市建设模式互相融合发展的产物，是基于互联网、云计算、大数据、物联网和社交网络等工具及平台，实现全面透彻的感知，宽带泛在的互联和智能融合的应用。作为城市整体发展的战略举措，有助于提高企业竞争力、民众生活幸福感和城市可持续发展

能力，对城市经济领域的转型升级，社会生活领域的品质全面提升和生态领域的可持续发展产生着深远的影响。

2012 年党的十八大报告提出“坚持走中国特色新型工业化、信息化、城镇化、农业现代化道路，推动信息化和工业化深度融合、工业化和城镇化良性互动、城镇化和农业现代化相互协调，促进工业化、信息化、城镇化、农业现代化同步发展”。同年，又提出“要促进城市网络化、智能化、个性化发展”。2014 年底，国务院出台相关指导性文件，提出大概用 5 年时间建成统一规范的国家电子政务网络，优化制度环境，在为民服务和社会治理方面深化电子政务创新技术的应用。《国家新型城镇化规划（2014—2020）》中特别单列一节，明确提出要“推进智慧城市建设”，可见它是当前推进治理技术与方法提升的重要的科技化实践路径。

（一）智慧城市建设：城市文明治理技术与方法更新的宏观维度

1. 智慧城市建设内涵

智慧城市建设以智慧设施为基础，以智慧技术为手段，以智慧产业和智慧应用为载体，实现服务、治理、人文和生活的智慧发展目标。智慧设施包括新一代城域网、公共服务平台及经过智能化转型的城市基础设施。其中，新一代城域网指宽带网络、下一代通信网、物联网与“三网融合”等；公共服务平台指云计算中心、信息安全服务平台及政府数据中心等；城市基础设施的智能化转型则指水、电、气、热管网及道路、桥梁、车站、机场、景区、公园、厕所等设施的感知化与智能化建设。智慧基础设施的建设应该坚持“党政机关”“企事业单位”和“居民家庭”三位一体的整体推进理念。智慧技术主要由感知层技术、网络层技术与数据层技术共同构成。感知层技术是通过摄像头、射频识别和智能终端等泛在网技术，实现对城市基础设施、环境、建筑和安全等方面的信息采集、识别与监控；网络层技术也就是通信网络，指新一代互联网与物联网共同构成的新一代城域网；数据层技术主要是对数据进行存储和处理。

智慧城市建设的关键在于从宏观层面做好科学合理的顶层设计。通过建立科学的强有力的组织领导机制、咨询决策机制、推进落实机制和评估监督机制，在宏观上确保相关建设的成效。同时，在微观层面，智慧城市的建设需对资金、人才和安全等要素作出高要求。通过建立政府资金引导、市场拉动、多种形式的投融资机制来解决资金问题，为引进和培育的相关人才提供住房等保障，解决在建设深度信息资源整合的共享工程中存在的安全等问题，是当前智慧城市建设的关键问题。

2. 智慧城市建设实践案例

上海杨浦区通过创建“智慧城市”不断更新城市治理技术和手段，提升城市核心竞争力的实践为当前中国智慧城市建设提供了参考案例。

杨浦区是上海第三代国际社区新江湾城、环同济知识经济圈的落脚点，更是世界 500 强汇集地大连路总部研发的集聚区、高等学府的集聚区，具有建设智慧城区的特别优势。杨浦区的智慧城市建设，在充分利用杨浦独有的资源禀赋基础上，以互联网、大数据、云计算为代表，围绕建设“智慧杨浦”的指导思想，以“统一规划、集中管控、共建共享、业务协同”为原则，建设由三个层面构成的“智慧城市”目标体系架构，形成具有鲜明特色的智慧城市品牌。

（1）做好顶层设计，坚持规划先行。杨浦智慧城市建设顶层设计内含的发展目标为：通过提升信息化的应用水平和效益，提升城市信息基础设施服务水平，提升新一代信息技术产业的创新发展能力和网络安全的综合保障能力，实现杨浦区的产业结构转型升级、城市运行的精细高效，以及宜居城市建设和公众文明生活建设，推动智慧杨浦、精致杨浦、幸福杨浦的建设。

规划先行是城市治理有序推进的保障，合理的顶层设计能协调各责任主体行动，在明确的目标指引下，同步推进智慧城市建设系统，不断提升城市功能文明水平。杨浦的智慧城市顶层设计强调了三个层面的建设：体现建设成效的应用与发展层；作为集约建设、共建共享关键的平台与技术层；作为业务运行、信息交互和信息采集的支撑基础的网络与感知层。[①]

（2）细分建设领域，明确建设目标。在智慧城区建设中，杨浦将建设目标细分为两个层次的不同目标，以此推动并帮助产业结构转型升级，推动智慧杨浦建设。

一是精致杨浦建设目标。通过加强城市运行的安全和高效，推动精致杨浦建设的目标；进行专题部署，规范和推动智慧城市的健康发展，构筑创新 2.0 时代的城市新形态，实现“创新型城区”与“智慧城区”的有效融合；强化城市运行的精细高效，着力于优化城市的基础设施，提高对基础设施运作的全面感知水平，对其进行精细管控与协同调度，实现资源的优化配置；重点完善电力、水利和信息通信等设施的智能管理建设，进一步完善交通、管网，进而达到提升城市基础设施运行效率的目标。二是幸福杨浦建设目标。通过提升城市的宜居环境建设和公众生活文明的程度，推动幸福杨浦建设；全面推进大数据、互联网、云计算及移动互联网等高科技手段在民生领域中的应用。截至 2018 年年底，信息化所带来的便捷生活与贴心服务已经能够覆盖杨浦区的全体居民，以智慧社区、交通、健康、教育和养老等为主要内容的“社区服务云”平台也已经搭建完成。

① 关于印发杨浦区“智慧城市”建设三年行动计划（2015—2017）的通知［EB/OL］. http://www.shyp.gov.cn/zwgk/Home/Info?id=9c4b0858-ab30-4249-9e87-83f56faa6957

杨浦区借助智慧城市建设，通过深入推进“两化融合”，将“复旦创新走廊”和“大创智”打造成上海科创中心的核心承载区，以“中央智力区”建设为目标，提升“杨浦创新型试点城区”产业发展水平和信息化支撑水平，催生了智慧产业，促进了创新型经济的发展。

（3）分解目标任务，落实建设责任。为了达成创新公共服务的模式，深化智慧技能的应用，提高城市各项设施的运行效率，在智慧城市建设过程中，通过政府、企业和市场三方形成合力，针对各个街道的特点，量身定制出各具特色的智慧生活。为达到推进智慧城市建设的目标，杨浦区将建设任务进一步分解为建设综合云平台、城市综合管理信息化、环境保护信息化、市容绿化管理信息化、公共安全信息化等28项重点任务。

同时，杨浦区又通过五个行动步骤，将28项任务分解落实到不同的责任部门。① 通过提升公共服务水平，打造出精细规范的智慧城市管理体系。将信息化技术与物联网技术相结合，通过整合各方资源、创新治理手段及拓展城市功能等途径来达成城市管理的精细化、敏捷化和智慧化；完善智慧城管的应用体系，弥补城市管理中信息盲区与管理盲点，实现城区内的信息共享与工作对接，促进城市管理工作向主动化、动态化、精细化和规范化转变。② 优化电子政务，建设一体化智慧政务。在整合各部门、各区域网站资源的基础上，以政务信息资源一体化的开发和利用为核心，采纳云计算、大数据等技术手段，通过感知、分析及智能化响应等方式来优化工作流程和提高业务协同度，达到提升政府管理效能和公共服务水平的目标。③ 以民生服务为基础，打造方便而贴心的智慧生活；以提高市民生活质量和幸福指数为根本目的，全面提升民生领域信息化服务水平。④ 发展创新经济，建设集约高效的智慧产业。加快“四新”的战略重点培育和发展，全面推进信息化与工业化的深度融合，催生一批具有杨浦特色的创新产业。⑤ 推动示范引导，打造智慧杨浦的新标杆。围绕智慧社区、商圈和园区建设，整体推进智慧城市的创新试点建设和智能化技术应用示范。

（4）完善政策法规，提升支持力度。智慧城市建设是一项长期的系统的工作，需要多方协调，共同合作。目前在建设过程中还存在着一些亟待解决的问题，例如，政府部门之间的合作不足，需要加强对“智慧”相关产业的支持；各种资源分散，在开放共享方面存在障碍，没有统一的管理规划；进入行业较晚者的潜力尚未得到充分挖掘，因此有必要增加政策层面的扶持。

随着信息技术的广泛应用，为引导社会资源进入智慧城市建设，营造良好的政策环境，杨浦区完善了相关政策体系，一是设立智慧城市建设专项扶持资金，发挥相关资金的引导和扶持作用，着力保障基础设施和智慧城市重大应用试点项目建设；二是充分发挥各部门专项资金的支持和保障作用，进一步扩大智慧应用系统的建设；三是进一步制定一系列具体细化的扶持政策，在共享信息资源、建设智慧城市项目和产业发展等方面加强政策保障；四是设立相关的政策扶持和评估考核机制，确保智慧城市建设目标得到落实。

杨浦区以及当前全国各地的智慧城市建设实践所取得的成效，为中国特色城市“文明治理”的科技化路径提供了鲜活的实践参考。

（二）微平台社区建设：城市文明治理技术与方法更新的微观维度

微平台社区建设是以大数据分析为基础，通过成立社区委员会，完善社区楼组长队伍，达到形成多元主体共治共享的体制和机制的目标；通过微平台建设可以搭建起便利的交流平台，能够运用大数据来展开社区宣传和治理，进而吸引社会力量参与城市的数据分析和治理优化；通过新媒体、微信等智能技术和网络平台，将公众媒体和自媒体链接在一起，实现多元主体的协商共治；借助互联网 + 等技术，建设智慧社区，为社区居民提供信息服务，在智慧社区中真正做到“以人为本”和共享共治。

2012 年中央经济工作会议提出，“走集约、智能、绿色、低碳的新型城镇化道路”“要促进城市网络化、智能化、个性化发展”。充分表明在国家治理体系和治理能力现代化、经济结构转型调整、融合发展等方面，充分发挥网络、软件、电子设备和信息技术服务业的关键作用，是城市治理科技化的时代需求。微平台社区建设则是坚持以人为本，以民生需求为导向，推动经济社会的全面协调可持续发展，以信息化基础设施为支撑，以信息技术、网络技术进入家庭为重点，加快发展方式转变，创新社会管理、提升社会服务水平、营造发展新优势的有效途径。

在微平台社区建设中，要将政府主导力、企业主体力和市场配置力的三方力量进行整合。充分发挥政府统筹规划、整合资源和制定标准的宏观主导作用，重视市场主体的作用，加快创新商业模式，培育龙头企业，改变由行政推动微平台建设的传统方式，转变为由市场驱动的推进方式，形成由政府主导，以企业为主体和以市场需求为导向的微平台建设推进体系。

微平台社区建设是更新城市文明治理技术与方法，解决当前社区凝聚力下降、居民关系疏离问题的有效途径。互联网的“脱域化”作用，弱化了居民彼此互动的地域性关联，居民社会关系淡漠化，形成当前社区人口流动性强、社区交往虚拟化等特点，导致社区公共生活缺失，引发了社区居民主体意识淡薄，社区公共活动参与度低，价值认同障碍等一系列阻碍社区共同体构建的问题。因此，在新时代背景下将互联网技术嵌入社区治理中，发挥社区的地域性优势和互联网的便利性优势，推进微平台社区建设，构建新公共生活，是提升当前城市社区治理水平的科技化路径，具体措施有以下几点。

（1）发挥社区地域优势，利用微信平台等打造新公共生活，培育良好的人文环境。在社区建设发轫之初，各城市在划分社区时，基本是以社区成员的地缘关系、业缘关系、历史联系、心理认同感等相关因素为依据，社区居民有较强的彼此互动型地域关联，具有形成特色公共生活的现实依据。例如，上海浦东的沪东“微心愿”公益平台，在考虑社区居民经济实力基础上，以微信公众号等手段征集、审核、发布、认领和传播微心愿，实现线上许愿和认领，线下落实和完成，为社区和居民搭建了人人能参与、人人乐参与、人人抢参与的公益平台，培育出社区居民乐于利人，自觉为公共利益着想的社会环境。

（2）利用网络平台凝聚社区的地域资源，在网络时代创造新的公共生活，实现居民社会关系的再地域化。例如，上海浦东新区北蔡镇运用互联网思维和智慧化手段打造的“北蔡易生活”[①]便民服务平台,就是一个政府主导、创业团队建设、职能部门配合、社会资源参与、群众受益的开放式平台。它利用互联网的便捷优势将社区资源凝聚起来，引入社会组织服务，强化了社区公益性功能，构筑起新型的“智慧社区”，重塑了线上线下联动的社区公共生活空间。在线上，依托微信公众号，开发了家政服务、健康咨询和社区资源发布等 20 多个功能模块，粉丝超 6 万余人，用户活跃度在 70% 以上；在线下，设立 20 个便民的服务站，为居民提供政务、物业、缴费和配餐等 12 项服务。线上服务落地社区，“易生活”让社区居民动动手指就参与到了社区活动当中，实现了社区居民交往的再地域化，增强了居民对社区的依赖性和社区对居民的凝聚力，促进了城市社区治理效能的快速提升。

---

① 王沁．“北蔡易生活”：打造“互联网家”［N］．浦东要闻，2017-2-6.

结 语

马克思主义理论最大的特点和活力在于实践性，理论来源于实践，同时也指导实践。实践是人发挥主观能动性在特定的时间和地域中改造自然的活动，具有鲜明的时代性、地域性和人文性。现代城市是文明的记录者和承载者，虽然马克思没有明确提及城市治理与文明的关系，但马克思主义的文明实践论告诉我们，文明需要在现实中创造，文明创造的实践载体是人类社会。人类文明的演进经历了原始蒙昧时代文明、农业社会文明和工业社会文明，正走向信息社会文明的现代，城市已经成为社会文明最基础的实践场域和载体。因此，城市治理的目标是不断提升城市的功能、形态和素质文明，在为城市可持续发展创造优良的社会环境的同时，促进人类文明的不断进步，为人的全面发展提供现实基础。城市治理的目标不仅是对人类文明成果的创造，也是对其的保护。随着社会的不断进步，经济的飞速发展给中国社会带来了天翻地覆的变化，中国人民在创造物质文明方面取得了骄人的成绩。在物质文明不断发展的推进下，中国社会主要矛盾发生了重大转变，单纯追求物质满足的时代已经过去，人们对物质文明、精神文明、生态文明、政治文明、社会文明等“五大文明”均衡、充分发展的美好生活的向往，成为新时代的社会追求。

在新时代背景下，作为社会变革的实践平台，中国的城市治理模式也随着社会转型发生着重大转变。传统的以政府为主体，以单一行政化管理为手段的早期城市治理模式已无法适应新的转变。在社会分工逐步细化、社会利益主体分化加剧的社会背景下，城市治理问题日益复杂和多变的治理现实状况，对变革早期城市治理模式提出了迫切的需求。新时代中国独特的社会背景，呼唤着城市治理新模式的诞生。作为社会主义国家的城市治理模式，马克思的“文明实践论”是中国特色城市治理模式的理论依据，近 20 年的全国文明城市创建是模式的实践基础。在与时俱进、不断创新的中国特色社会主义理论的指引下，中国特色城市“文明治理”模式具备立足国情、遵循规律和以人民为中心的“中国之治”的制度逻辑，它是以“文明”为核心内涵和价值取向，以推进社会全面进步，实现人的全面发展为终极目标，覆盖城市政治、经济、文化、社会、生态全方位建设的系统化城市治理模式，是依据中国社会主要矛盾、社会问题与社会风险的最新变化和特点，在探索正确应对新挑战、处理新变化和适应时代新诉求的基础上形成的城市治理模式。

中国特色城市“文明治理”模式指导下的城市治理，是围绕“以人的全面发展为本”的宗旨，将“文明发展”理念作为指引，以“五大文明”协调发展的城市形态文明、素质文明和功能文明的全面提升作为城市治理目标，以“文明治理”为导向不断完善城市治理机制，通过构建多元、开放、文明、协调的“文明治理”主体结构，运用精细化、社会化和科技化手段，形成对城市的系统化治理。中国特色城市“文明治理”模式指引下的城市治理是以“民生幸福”为基石的人文性城市治理，模式具备的文明本质和人民至上的宗旨将引导城市治理为百姓打造可持续发展的生态环境、健康向上的人文环境和舒适便利的生活环境，不断满足人民对高品质生活的需求，让老百姓收获实实在在的和谐宜居的优美居住环境。

通过研究中国特色城市“文明治理”模式，总结中国的城市治理经验，本书期待能为中国城市治理实践提供一些理论上的参考，有助于为世界城市治理呈现中国方案。

参考文献

中文图书

[1] 中共中央马克思恩格斯列宁斯大林著作编译局 . 马克思恩格斯文集（第 1 卷）[M] . 北京：人民出版社，2009.

[2] 中共中央马克思恩格斯列宁斯大林著作编译局 . 马克思恩格斯文集（第 2 卷）[M] . 北京：人民出版社，2009.

[3] 中共中央马克思恩格斯列宁斯大林著作编译局 . 马克思恩格斯文集（第 3 卷）[M] . 北京：人民出版社，2009.

[4] 中共中央马克思恩格斯列宁斯大林著作编译局 . 马克思恩格斯文集（第 5 卷）[M] . 北京：人民出版社，2009.

[5] 中共中央马克思恩格斯列宁斯大林著作编译局 . 马克思恩格斯选集（第 1 卷）[M] . 北京：人民出版社，1995.

[6] 中共中央马克思恩格斯列宁斯大林著作编译局 . 马克思恩格斯选集（第 3 卷）[M] . 北京：人民出版社，1995.

[7] 中共中央马克思恩格斯列宁斯大林著作编译局 . 资本论（第 1 卷）[M] . 北京：人民出版社，2004.

[8] 中国共产党代表大会史编写组 . 中国共产党代表大会史 [M] . 北京：新华出版社，2012.

［ 9 ］中共中央文献编辑委员会．邓小平文选（第三卷）［ M ］．北京：人民出版社，1993.
［10］中共中央文献编辑委员会．邓小平文选（第二卷）［ M ］．北京：人民出版社，1994.
［11］中共中央宣传部．习近平新时代中国特色社会主义思想学习纲要［ M ］．北京：学习出版社；人民出版社，2019.
［12］俞可平．治理与善治［ M ］．北京：社会科学文献出版社，2000.
［13］俞可平．论国家治理现代化［ M ］．北京：社会科学文献出版社，2014.
［14］俞可平．中国如何治理？［ M ］．北京：外文出版社，2018.
［15］俞可平．中国治理变迁 30 年［ M ］．北京：社会科学文献出版社，2008.
［16］俞可平．推进国家治理与社会治理现代化［ M ］．北京：当代中国出版社，2014.
［17］俞可平，阿里夫・德里克．中国学者论中国与全球治理［ M ］．重庆：重庆出版社，2018.
［18］俞可平．走向善治：国家治理现代化的中国方案［ M ］．北京：中国文史出版社，2016.
［19］鲍宗豪．国际大都市文化导论［ M ］．上海：学林出版社，2010.
［20］鲍宗豪，等．科学发展论［ M ］．上海：上海社会科学院出版社，2007.
［21］鲍宗豪，燕・雪莉．文明与后现代亚太都市［ M ］．上海：学林出版社，2010.
［22］王国平．中国城市化面临的挑战与对策［ M ］．北京：中国社会科学出版社，2014.

[23] 贺卫，伍山林．制度经济学［M］．北京：机械工业出版社，2003.
[24] 卓越．共同缔造［M］．北京：中国社会科学出版社，2015.
[25] 吕昕阳．政府绩效管理创新研究［M］．北京：经济管理出版社，2017.
[26] 郭苏建，等．转型中国的治理研究［M］．上海：格致出版社：上海人民出版社，2017.
[27] 孙荣，徐红，邹珊珊．城市治理［M］．上海：复旦大学出版社，2007.
[28] 冯云廷．城市公共服务体制：理论探索与实践［M］．北京：中国财政经济出版社，2004.
[29] 诸大建．管理城市发展：探讨可持续发展的城市管理模式［M］．上海：同济大学出版社，2004.
[30] 孟庆洁．上海市外来流动人口的生活方式研究［M］．上海：上海社会科学院出版社，2009.
[31] 李友梅，等．中国社会治理转型（1978—2018）［M］．北京：社会科学文献出版社，2018.
[32] 莫天全，黄瑜．中国新型城镇化发展理论与实践［M］．北京：经济管理出版社，2014.
[33] 徐晓军．阶层分化与阶层封闭［M］．武汉：华中师范大学出版社，2013.
[34] 任远．城市流动人口的居留模式与社会融合［M］．上海：上海三联书店，2012.
[35] 沈亚平，王骚．公共管理案例分析［M］．天津：天津大学出版社，2006.
[36] 江怡．走向新世纪的西方哲学［M］．北京：中国社会科学出版社，

1998.
[37] 王代月. 回归历史：基于马克思市民社会批判视角 [M]. 北京：中国社会科学出版社，2016.
[38] 王巍. 马克思视域下的资本逻辑批判 [M]. 北京：人民出版社，2016.
[39] 陈春常. 转型中的中国国家治理研究 [M]. 上海：上海三联书店，2014.
[40] 黄萃，彭国超，苏竣. 智慧治理 [M]. 北京：清华大学出版社，2017.
[41] 蒋俊杰. 国家治理体系与能力现代化视野下的社会冲突研究 [M]. 上海：同济大学出版社，2015.
[42] 姜海山，蒋俊杰，于洪生，等. 中国政府架构与基本公共服务 [M]. 北京：人民出版社，2017.
[43] 林存光. "文明以止"：中华民族的人文精神与文明特性 [M]. 北京：学习出版社，2016.
[44] 方心清，王毅杰. 现代生活方式前沿报告 [M]. 北京：社会科学文献出版社，2006.
[45] 王振华. "四位一体"生产方式对生活方式的影响 [M]. 上海：上海交通大学出版社，2011.
[46] 张云燕，等. 中国社会生活史 [M]. 北京：北京大学出版社，2014.
[47] 徐贲. 什么是好的公共生活 [M]. 长春：吉林出版集团有限责任公司，2011.
[48] 张红樱，张诗雨. 国外城市治理变革与经验 [M]. 北京：中国言实出版社，2012.
[49] 付春，王善迈，任勇. 文化资本与国家治理 [M]. 北京：中国社

会科学出版社，2015.
[50] 郑杭生 . 中国特色社会学理论的应用［ M ］. 北京：中国人民大学出版社，2005.
[51] 张思宁 . 转型中国之价值冲突与秩序重建 . 北京：社会科学文献出版社，2011.
[52] 胡晶晶 . 价值自觉与文化领导［ M ］. 合肥：合肥工业大学出版社，2014.
[53] 刘明合 . 交往与人的发展：基于马克思主义的视角［ M ］. 北京：中央编译出版社，2008.
[54] 白智立 . 改革开放以来的中国国家治理模式及改革［ M ］. 广州：广东人民出版社，2018.
[55] 王佃利，曹现强 . 城市管理学［ M ］. 北京：首都经济贸易大学出版社，2007.
[56] 姚永玲 . 城市管理学［ M ］. 北京：北京师范大学出版社，2017.
[57] 张文宏 . 中国城市的阶层结构与社会网络［ M ］. 上海：上海人民出版社，2006.
[58] 张盾 . 马克思的六个经典问题［ M ］. 北京：中国社会科学出版社，2009.
[59] 晏辉等 . 公共生活与公民伦理［ M ］. 北京：北京师范大学出版社，2007.
[60] 胡群英 . 社会共同体的公共性建构［ M ］. 北京：知识产权出版社，2013.
[61] 桂家友 . 国家与社会变革中的城市社会治理研究［ M ］. 上海：上海人民出版社，2015.
[62] 何增科，陈雪莲 . 政府治理［ M ］. 北京：中央编译出版社，2015.

[63] 殷树凤.马克思主义国家、社会、个人关系理论视角下的中国社会治理研究[M].合肥：合肥工业大学出版社，2017.

[64] 蒋宗彩.城市群公共危机管理应急决策理论与应对机制研究[M].北京：经济管理出版社，2015.

[65] 张燕平.城市治理脏乱公共管理体系的构建[M].北京：经济科学出版社，2008.

[66] 李松.中国社会诚信危机调查[M].北京：中国商业出版社，2011.

[67] 王淑芹，曹义孙.德性与制度：迈向诚信社会[M].北京：人民出版社，2016.

[68] 黎熙元，陈福平，童晓频.社区的转型与重构[M].北京：商务印书馆，2011.

[69] 张林江.走向“社区+”时代：当代中国社区治理转型[M].北京：社会科学文献出版社，2015.

[70] 吕炜.资本的生产力效率假说：市场机制下的生产力实现形式研究[M].北京：商务印书馆，2005.

[71] 吴方伟.论社会化资本的利用：兼论国家信用的运用之道[M].北京：经济科学出版社，2007.

[72] 胡鞍钢.中国国家治理现代化[M].北京：中国人民大学出版社，2014.

[73] 陈振明，安德鲁·桑克顿.地方治理中的公民参与：中国与加拿大比较研究视角[M].北京：中国人民大学出版社，2016.

[74] 王忠，王晓华.城市治理之大数据应用[M].北京：海洋出版社，2017.

[75] 何爱国.中国式现代化：小康理论及其指标体系研究[M].上海：上海财经大学出版社，2011.

[76] 萧俊明.现代社会生活方式的文化根源[M].北京：社会科学文献出版社，2013.

[77] 谈际尊.伦理理性化与现代生活方式：韦伯伦理思想研究[M].北京：中国社会科学出版社，2013.

[78] 王伟光.社会主义和谐社会理论基本问题[M].北京：人民出版社，2007.

[79] 曾峻.中国特色社会主义公共管理研究[M].北京：人民出版社，2013.

[80] 吴照云.中国管理思想史[M].北京：经济管理出版社，2012.

[81] 中共中央党校马克思主义理论教研部.马克思主义关于人的学说[M].北京：人民出版社，2011.

[82] 李紫娟.国家治理理论的马克思主义源流[M].杭州：浙江人民出版社，2015.

[83] 金耀基.从传统到现代[M].北京：法律出版社，2010.

[84] 殷树凤.马克思主义国家、社会、个人关系理论视角下的中国社会治理研究[M].合肥：合肥工业大学出版社，2017.

中文译著

[1] B.盖伊・彼得斯.政府未来的治理模式[M].吴爱明，译，北京：中国人民大学出版社，2012.

[2] 简・库伊曼，斯维恩・詹托夫特，等.治理理论与实践：经典议题研究新解[M].王浦劬，藏雷振，译.北京：中央编译出版社，2017.

[3] 约瑟夫・熊彼特.资本主义、社会主义与民主[M].吴良建，译.北京：商务印书馆，2009.

[4] 詹姆斯・N.罗森奥.没有政府的治理[M].张胜军，刘小林，

译．南昌：江西人民出版社，2001.

[5] 克利福德·格尔茨．文化的解释［M］．韩莉，译．南京：译林出版社，2014.

[6] 珍妮特·V. 登哈特，罗伯特·B. 登哈特．新公共服务［M］．方兴，丁煌，译．北京：中国人民大学出版社，2016.

[7] 马克斯·韦伯．非正当性的支配：城市的类型学［M］．康乐，简惠美，译．桂林：广西师范大学出版社，2005.

[8] 马克斯·韦伯．新教伦理与资本主义精神［M］．龙婧，译．合肥：安徽人民出版社，2012.

[9] 马克斯·韦伯．马克斯·韦伯社会学文集［M］．阎克文，译．北京：人民出版社，2010.

[10] 马克斯·韦伯．经济行动与社会团体［M］．康乐，简惠美，译．桂林：广西师范大学出版社，2004.

[11] 亚里士多德．政治学［M］．颜一，秦典华，译．北京：中国人民大学出版社，2003.

[12] 丹尼尔·米勒．消费：疯狂还是理智［M］．张松萍，译．北京：经济科学出版社，2013.

[13] 埃里克·弗鲁博顿，鲁道夫·芮切．新制度经济学：一个交易费用分析范式［M］．姜建强，罗长远，译．上海：格致出版社，2012.

[14] 赫尔南多·德·索托．资本的秘密［M］．于海生，译．北京：华夏出版社，2012.

[15] 哈贝马斯．交往与社会进化［M］．张博，译．重庆：重庆出版社，1989.

[16] 彼得·马库塞等．寻找正义之城：城市理论和实践中的辩论［M］．贾荣香，译．北京：社会科学文献出版社，2016.

[17] 保罗·诺克斯，琳达．城市化［M］．顾朝林，译．北京：科学出版社，2009.
[18] 尤尔根·哈贝马斯．合法化危机［M］．刘北成，曹卫东，译．上海：上海人民出版社，2009.
[19] 哈贝马斯．在事实与规范之间：关于法律和民主法治国的商谈理论［M］．童世骏，译．北京：生活·读书·新知三联书店，2014.
[20] 谷川道雄．中国中世社会与共同体［M］．马彪，译．北京：中华书局，2002.
[21] 简·莱恩．新公共管理［M］．赵成根，译．北京：中国青年出版社，2004.
[22] 詹姆斯·德菲利皮斯．全球资本下的社区治理［M］．朱春奎，译．上海：格致出版社，上海人民出版社，2017.
[23] 斐欧娜·戴维恩．美国和英国的社会阶级［M］．姜辉，译．重庆：重庆出版社，2010.
[24] 弗朗西斯·赫塞尔本．未来的社区［M］．魏青江，等，译．北京：中国人民大学出版社，2006.

中文期刊

[1] 金墨非，等．西方城市复兴中的城市设计策略给中国的启示［J］．城市营造，2017（2）.
[2] 孙施文．关于治理的解读［J］．国外城市规划，2002（1）.
[3] 吴晓林，侯雨佳．城市治理理论的“双重流变”与融合趋向［J］．天津社会科学，2017（1）.
[4] 杜建卿．新公共管理理论评析［J］．现代商贸工业，2011（14）.
[5] 李忠民，汤哲铭．国内外城市治理模式与我国实践性选择［J］．广

西经济管理干部学院学报，2006（18）.
[6] 踪家峰，王志锋，郭鸿懋.论城市治理的模式［J］.上海社会科学院学术季刊，2002（2）.
[7] 王佃利，任宇波.城市治理模式：类型与变迁分析［J］.中共浙江省委党校学报，2009（5）.
[8] 王佃利.经营城市的新理念及其风险回避［J］.中国行政管理，2003（2）.
[9] 袁政.城市治理理论及其在中国的实践［J］.学术研究，2007（7）.
[10] 陈角军，景普秋.中国新型城市化道路的理论及发展目标预测［J］.经济学动态，2008（9）.
[11] 连倩倩，安乾.中国城市化的历史进程及特征分析［J］.当代经济，2018（15）.
[12] 陈亮.城市群区域治理的“边界排斥”困境及跨界联动机制研究［J］.内蒙古社会科学（汉文版），2019（1）.
[13] 刘志平.城市化进程中我国城市治理的困境与对策探讨［J］.福建广播电视大学学报，2014（2）.
[14] 冯严超，王晓红.土地财政、金融发展与城市扩张［J］.贵州财经大学学报，2019（1）.
[15] 刘志平.城市化进程中我国城市治理的困境与对策探讨［J］.福建广播电视大学学报，2014（2）.
[16] 韩康.中国城镇化发展的最大风险：城乡矛盾内化［J］.国家行政学院学报，2013（3）.
[17] 白列湖.协同论与管理协同理论［J］.甘肃社会科学，2007（5）.
[18] 艾四林.讲清楚中国特色社会主义优势　讲好思想政治理论课［J］.北京教育（德育），2019（4）.

[19] 诸大建.用国际可持续发展研究的新成果和通用语言解读生态文明[J].中国环境管理，2019，11(3).
[20] 尹浩.新时代城市社区治理中的居民主体性培育路径研究[J].求实，2018(4).
[21] 吴晓林."社会治理社会化"论纲——超越技术逻辑的政治发展战略[J].行政论坛，2018(6)
[22] 李晓飞.特大城市的群租治理模式转型：从运动式治理走向包容性治理[J].行政论坛，2019(6).
[23] 蓝志勇.新中国成立70年来城市发展的进程与未来道路[J].福建师范大学学报(哲学社会科学版)，2019(5).
[24] 王开茹.城市邻避冲突的形成机理与治理路径研究——基于社会燃烧理论的分析[J].宜宾学院学报，2019，19(10).
[25] 戎彦珍，黄春林，杨天开，吴超.新型智慧城市背景下城市治理能力现代化模型构建[J].中国管理信息化，2019，22(19).
[26] 韩德睿.城市参与全球治理的路径探析——以中国城市为视角[J].区域与全球发展，2019，3(5).
[27] 任懿平.基于大数据的城市公共安全治理路径分析[J].现代信息科技，2019，3(18).
[28] 乔延军，钟颖.以标准化建设为突破口推进我国城市管理精细化研究[J].上海城市管理，2019，28(5).
[29] 任博.从分工到整合：城市公共服务有效供给的内生逻辑与治理路径[J].天津社会科学，2019(5).
[30] 张丙宣.赋权、约束与身份构建：新时代城市微治理的逻辑[J].云南社会科学，2019(5).
[31] 唐鸣，李梦兰.城市社区治理社会化的要素嵌入与整体性建构——

基于“第三批全国社区治理和服务创新实验区”的案例分析［J］. 社会主义研究，2019（4）.
［32］徐辉 . 面向城市精细化治理的大数据应用探索［J］. 中国建设信息化，2019（9）.
［33］何绍辉 . 政策演进与城市社区治理 70 年（1949—2019）［J］. 求索，2019（3）.
［34］王婧媛 . 城市社区治理中公民参与的研究［J］. 中国集体经济，2019（14）.
［35］高聪颖 . 多源流理论视角下的城市社区公共空间治理分析［J］. 领导科学，2019（10）.
［36］袁建军 . 从智慧城市迈向智慧治理［J］. 群众，2019（8）.
［37］赵敬丹，张帅 . 城市治理中政府与社会组织合作的价值维度、理想形态和现实进路——基于“合作治理”理论研究视角［J］. 四川行政学院学报，2019（2）.
［38］何继新，何海清 . 城市社区公共服务智慧化供给治理：基本特质、标靶方向和推进路径［J］. 学习与实践，2019（4）.
［39］钱坤 . 认证化：城市精细化治理的信息基础与实现路径［J］. 湖北行政学院学报，2019（2）.
［40］余净植 . 城市基层治理发展变迁与法治化进路［J］. 前沿，2019（2）.
［41］贺薇 . 城市治理中的多元主体协同机制研究［J］. 智库时代，2019（14）.
［42］王轲 . 中国城市社区治理创新的特征、动因及趋势［J］. 城市问题，2019（3）.
［43］韩帅，何婷 . 论中国新型智慧城市的规划发展逻辑［J］. 上海城市管理，2019，28（2）.

［44］莫家勤，吴伟武，聂延磊．新型智慧城市网格化智慧治理探析［J］．智库时代，2019（12）．
［45］卫莉．快速城市化背景下我国城市蔓延的治理模式构建探索［J］．绿色环保建材，2019（3）．
［46］徐顽强，李敏．基于公共价值导向的城市社区治理架构研究［J］．宁夏社会科学，2019（2）．
［47］赖金茂．基于多元协同的城市社区治理的困境及其对策研究［J］．黑河学刊，2019（2）．
［48］宋梅．智慧城市与城市治理创新［J］．理论观察，2019（3）．
［49］袁方成．嵌入式治理的赋权基础与路径——来自城市社区的经验分析［J］．江苏师范大学学报（哲学社会科学版），2019，45（2）．
［50］高聪颖，侯德贤．城市公共空间合作治理的发展机制研究［J］．湘潭大学学报（哲学社会科学版），2019，43（2）．
［51］孙肖远．城市基层治理法治化的实现路径［J］．唯实，2019（3）．
［52］吴恒同．城市社区治理重心下移：理论阐释与机制分析［J］．云南行政学院学报，2019，21（2）．
［53］郑容坤．公民参与城市风险治理的困境超越［J］．湖南行政学院学报，2019（2）．
［54］顾熠男，卢静．“多元参与城市治理”中的媒体主持人角色定位［J］．传媒观察，2019（3）．
［55］中国领导科学研究会课题组，冯秋婷，曾业松，郑寰，鄯爱红．党领导基层治理的实践探索和理论启示——北京市“街乡吹哨、部门报到”改革研究［J］．中国领导科学，2019（2）．
［56］宋雄伟．社会组织参与城市社区治理的制度环境与行动策略［J］．江苏社会科学，2019（2）．

[57] 唐亚林，钱坤 . 城市精细化治理的经验及其优化对策——以上海“五违四必”生态环境综合治理为例［ J ］. 上海行政学院学报，2019，20（ 2 ）.
[58] 赵聚军，张雪莉 . 城市基层治理中的居民参与基层管理体制优化——基于四个异质性小区的调查［ J ］. 中国行政管理，2019（ 3 ）.
[59] 曹志刚 . 我国城市社区治理模式创新中的治理资源探析［ J ］. 中国行政管理，2019（ 3 ）.
[60] 金江军，张琳琳，姚大川 . 中国智慧城市发展现状、问题及对策［ J ］. 北京城市学院学报，2019（ 1 ）.
[61] 姚月，罗勇 . 论现代化城市建设的评价体系与“因城施策”［ J ］. 规划师，2019，35（ 4 ）.
[62] 秦思雨，吕承文 . 互联网背景下城市社区治理创新的案例分析研究［ J ］. 决策咨询，2019（ 1 ）.
[63] 应建国 . 上海现代化城市基础设施建设加强依法治理的探索［ J ］. 中国市政工程，2019（ 1 ）.
[64] 汤睿，张军涛 . 城市环境治理与经济发展水平的协调性研究［ J ］. 价格理论与实践，2019（ 2 ）.
[65] 唐伟尧 . 习近平总书记城市治理重要论述研究［ J ］. 城市管理与科技，2019，21（ 1 ）.
[66] 王冬岩 . 朝阳区创新城市基层“三落地”治理模式实践［ J ］. 城市管理与科技，2019，21（ 1 ）.
[67] 张丽娜 . 城市社区治理中的政府、企业、社会组织跨部门合作——以苏州正荣书院项目为例［ J ］. 陕西行政学院学报，2019，33（ 1 ）.
[68] 杜伟泉，朱力 . 基于权力关系重构的共治型城市社区治理机制探析［ J ］. 学习与实践，2019（ 2 ）.

[69] 徐顽强，王文彬，王倩．主体理性与新时代城市治理：一个分析框架［J］．学习与实践，2019（2）．
[70] 杨婷，刘飞．社会组织参与城市社区治理的探索——以四川省成都市爱有戏社区发展中心为例［J］．社会治理，2019（2）．
[71] 陈平．“吸纳型治理”：社会组织融入城市社区治理的路径选择［J］．理论导刊，2019（2）．
[72] 田闻笛．城市规划中的公众参与：逻辑、经验与路径优化——以社会治理现代化为视角［J］．社会主义研究，2019（1）．
[73] 沈体雁，李长江．对话：城市的地缘文化建设和碎片化治理［J］．城市开发，2019（3）．
[74] 胡冰．城市基层治理的价值多元与价值整合［J］．特区实践与理论，2019（1）．
[75] 李有增，徐振强．超大城市智慧化建设的反思与启示：基于上海的实践［J］．中国名城，2019（2）．
[76] 彭勃，赵吉．从增长锦标赛到治理竞赛：我国城市治理方式的转换及其问题［J］．内蒙古社会科学（汉文版），2019，40（1）．
[77] 诸大建，于立，杨东援，陈小鸿，李晔，张斌．全球化时代的城市发展与合作治理［J］．城市交通，2019，17（1）．
[78] 武汉市武昌区中华路街党工委．大党建引领大治理：城市基层党建与社区治理有机融合的实践探索［J］．学习月刊，2019（1）．
[79] 陈水生．城市公共空间及其治理［J］．群众，2019（2）．
[80] 余敏江．中国特色城市环境治理的道路特质［J］．探索，2019（1）．
[81] 袁方成，王泽．中国城市社区治理现代化之路——一项历时性的多维度考察［J］．探索，2019（1）．
[82] 刘东．马克思市民社会理论对社会组织融入城市社区治理的启示

[J].佳木斯职业学院学报，2019(1).
[83] 姚尚建.城市发展：权利外溢与治理融合[J].理论与改革，2019(1).
[84] 任雪.城市社区治理机制创新路径探析——基于制度、组织、模式的三维框架分析[J].石家庄学院学报，2019，21(1).
[85] 刘淑妍，李斯睿.智慧城市治理：重塑政府公共服务供给模式[J].社会科学，2019(1).
[86] 辛文博.国家治理现代化视阈下社会治理创新研究综述[J].管理观察，2019(1).
[87] 朱静辉.城市空间的社区类型及其治理机制研究[J].长白学刊，2019(1).
[88] 李浩.新时代社区复合型治理的基本形态、运转机制与理想目标[J].求实，2019(1).
[89] 黄俊尧."精细化"导向的城市基层治理创新——国家"趋近"社会的实践与逻辑[J].浙江学刊，2019(1).
[90] 李永胜.以科学化精细化智能化人文化提升城市能级[J].国家治理，2018(48).
[91] 陈大为.法治政府视阈下推进城市社区治理法治化研究[J].成都行政学院学报，2018(6).
[92] 陆佳，张耘逸.大数据时代下的城市生活圈规划信息化实践路径探讨[J].城市建筑，2018(36).
[93] 王平.信用治理为智慧城市注入诚信底色[J].杭州(周刊)，2018(47).
[94] 陈隽.全球城市电子治理比较及趋势分析[J].城市观察，2018(6).

[95] 黄璐 . 构建特大城市治理的“武汉模式”：目标与策略 [J] . 四川行政学院学报，2018 (6) .
[96] 陈晓运 . 技术治理：中国城市基层社会治理的新路向 [J] . 国家行政学院学报，2018 (6) .
[97] 江昶 . 国家治理现代化视域下的中国城市信息化建设研究 [J] . 国家行政学院学报，2018 (6) .
[98] 夏芸芸 . 城市社区治理法治体系建构研究 [J] . 学习与实践，2018 (12) .
[99] 张艳国，李非 .“党建 +”在城市社区治理中的独特功能和实现形式 [J] . 江汉论坛，2018 (12) .
[100] 张一鸣 . 法治城市建设中的规制创新：基于政府规章备案审查的视角 [J] . 重庆社会科学，2018 (12) .
[101] 方怡晖 . 网格化城市治理的“天涯模式”[J] . 小康，2018 (35) .
[102] 楚建群，赵辉，林坚 . 应对城市非正规性：城市更新中的城市治理创新 [J] . 规划师，2018，34 (12) .
[103] 任维德 . 解构与创新：行政区划改革视阈下的城市治理研究 [J] . 内蒙古社会科学（汉文版），2018，39 (6) .
[104] 王凡荣，仓基武 . 情感治理：城市社会治理精细化的实践与创新 [J] . 中共合肥市委党校学报，2018 (6) .
[105] 叶林，宋星洲，邓利芳 . 从管理到服务：我国城市治理的转型逻辑及发展趋势 [J] . 天津社会科学，2018 (6) .
[106] 李杨，宋聚生 . 英国城市更新的伙伴制治理模式启示 (上) [J] . 城乡建设，2018 (22) .
[107] 胡伟，张润峰 . 无缝隙治理：我国城市社区治理的一种模式 [J] . 中共天津市委党校学报，2018，20 (6) .

[108] 盛依婷. 精细化导向的城市管理社会化研究[J]. 经济研究导刊，2018（32）.

[109] 费广胜. 治理共同体：城市社会治理创新的路向选择——以碎片化治理为视角[J]. 内蒙古大学学报（哲学社会科学版），2018，50（6）.

[110] 刘京，邹爱华. 吸纳性治理：城市更新中风险治理的中国范式[J]. 广西大学学报（哲学社会科学版），2018，40（6）.

[111] 李华. 问题导向的整体性城市治理模式建构[J]. 社会科学家，2018（11）.

[112] 李书巧，马伟伟. 新时代城市社区治理困境及对策研究[J]. 广西社会主义学院学报，2018，29（5）.

[113] 张晓云，李鑫，王帅，李彻丽格日. 新时代城市治理体系现代化探索实践——沈阳市“多规合一”改革[J]. 城乡规划，2018（5）.

[114] 杨煜. 城市社区治理中权力互动的困境分析[J]. 现代物业，2018（10）.

[115] 王振. 论“以人民为中心”思想下的城市治理——以上海为例[J]. 城市学刊，2018，39（5）.

[116] 张丽华，鲍宗豪. 城镇去“浮萍化”与新型生活方式构建[J]. 江西社会科学.2016（9）.

学位论文

[1] 高佳斌. 大数据背景下的城市承载适配性评价研究[D]. 杭州：浙江大学，2019.

[2] 王晨. 绩效导向下的中国城市社区治理研究[D]. 济南：山东大

学，2019.

[3] 朱海伦 . 智慧城市政策量化与网络结构研究：基于隶属联系模型［D］. 合肥：中国科学技术大学，2019.

[4] 呼连焦 . 共建共治共享目标引领下的城市社区协商治理研究［D］. 长春：东北师范大学，2019.

[5] 海骏娇 . 城市环境可持续性政策的驱动因子和成效研究［D］. 上海：华东师范大学，2019.

[6] 常婧 . 基层党组织在协商治理中的功能与定位研究［D］. 北京：中共中央党校，2018.

[7] 周芳检 . 大数据时代城市公共危机跨部门协同治理研究［D］. 湘潭：湘潭大学，2018.

[8] 鹿斌 . 新型城镇化背景下的社会治理结构创新研究［D］. 苏州：苏州大学，2018.

[9] 郑安兴 . 中国城市社区治理现代化：逻辑分析与路径选择［D］. 长春：吉林大学，2018.

[10] 刘培功 . 新型城镇化视角下边缘社区包容性治理研究［D］. 苏州：苏州大学，2018.

[11] 陈峰 . 我国城市社区基层协商民主问题研究［D］. 北京：中共中央党校，2018.

报纸析出文献

[1] 习近平 . 决胜全面建成小康社会，夺取新时代中国特色社会主义伟大胜利——在中国共产党第十九次全国代表大会上的报告［N］. 人民日报，2017-10-28.

[2] 王沁 .“北蔡易生活”：打造“互联网家”［N］. 浦东要闻 .2017-

2-6.
[3] 吴青熹 . 社会组织培育的三个着力点［N］. 学习时报 .2015-10-17.
[4] 韩志明 . 精细化治理：城市治理的现代化之路［N］. 中国社会科学报，2019-7-17.
[5] 习近平 . 在庆祝中国人民政治协商会议成立 65 周年大会上的讲话［N］. 人民日报，2014-9-22.
[6] 宣晓伟 . 新型城镇化的逻辑［N］.21 世纪经济报道，2013-3-2.
[7] 韩福国，等 . 民主如何可操作：上海城市治理首次“协商民意测验”［N］. 澎湃新闻 .2015-6-10.
[8] 中共中央关于坚持和完善中国特色社会主义制度推进国家治理体系和治理能力现代化若干重大问题的决定［N］. 人民日报 .2019-11-6.

电子文献

[1] 习近平 . 在首都各界纪念现行宪法公布施行 30 周年大会上的讲话［EB/OL］.（2012-12-4）http://www.xinhuanet.com/politics/2012-12/04/c_113907206.htm
[2] 光明日报专题调研组 . 全国文明城市“三连冠”张家港的探索与实践，争当践行社会主义核心价值观的排头兵［EB/OL］.（2014-10-15）http://yc.wenming.cn/wmbb/201410/t20141015_1399503.html
[3] 计思佳 . 全国文明城市创建 2018 年测评结果出炉：海口排第 15 名，来源：海南日报客户端［EB/OL］.（2019-3-20）http://www.hi.chinanews.com.cn/hnnew/2019-03-20/486074.html

[4] 黄程栋，施国栋 . 政府精细化管理的实现之维，来源：学习时报 [EB/OL] .（2014-12-22）http://opinion.people.com.cn/n/2014/1222/c1003-26255119.html

[5] 罗争光 . 我国社会组织登记数量已超过 80 万家，来源：新华社 [EB/OL] .（2019-1-3）http://www.gov.cn/xinwen/2019-01/03/content_5354592.htm

[6]《国务院关于修改〈建设项目环境保护管理条例〉的决定》[EB/OL] .（2017-8-1）http://www.gov.cn/zhengce/content/2017-08/01/content_5215255.htm

[7] 上海市民政局 . 上海社会组织公共服务平台（2019-4-16）http://shzz.mzj.sh.gov.cn/node1/zhuzhan/n8/n750/u1ai141473.html

[8] 中共中央，国务院 . 国家新型城镇化规划（2014—2020）[EB/OL] .（2014-3-16）http://www.gov.cn/gongbao/content/2014/content_2644805.htm?76p

[9] 胡锦涛 . 坚定不移沿着中国特色社会主义道路前进，为全面建成小康社会而奋斗——在中国共产党第十八次全国代表大会上的报告 [EB/OL]（2012-11-9）http://cpc.people.com.cn/18/n/2012/1109/c350821-19529916.html

[10] 郭素素 .2021 年版《全国文明城市测评体系》有新变化，来源：澎湃新闻 · 澎湃号 · 政务 [EB/OL]（2021-6-15）https://www.thepaper.cn/newsDetail_forward_13157561

[11] 一图读懂 2021 年新版《全国文明城市（地级以上）测评体系》，来源：精神文明导刊 [EB/OL]（2021-5-28）https://www.sohu.com/a/469170371_121106991

外文文献

[1] John Friedmann. Intercity Networks in A Globalizing Era, in Allen J. Scotted . *Global City-Region: Trends, Theory, Policy* [M] . New York: Oxford University Press, 2001, 120.

[2] Pierre J. Models of urban governance: The Institutional Dimension of Urban Politics [J] . *Urban Affairs Review*, 1999, 34(3).

[3] Isabella Clough Marinaro, Marco Solimene. Navigating the (in) formal city: Roma, urban life and governance in Rome [J] . *Cities*, 2020, 96.

[4] L. A. Sañudo-Fontaneda, Rafael Robina-Ramírez. Bringing community perceptions into sustainable urban drainage systems: The experience of Extremadura, Spain [J] . *Land Use Policy*, 2019, 89.

[5] Patrick Brandful Cobbinah, Enoch Akwasi Kosoe, Francis Diawuo. Environmental planning crisis in urban Ghana: Local responses to nature's call [J] . *Science of the Total Environment*, 2020, 701.

[6] Brenda B. Lin, Monika H. Egerer. Global social and environmental change drives the management and delivery of ecosystem services from urban gardens: A case study from Central Coast, California [J] . *Global Environmental Change*, 2020, 60.

[7] Erfan Babaee Tirkolaee, Iraj Mahdavi, Mir Mehdi Seyyed Esfahani, Gerhard-Wilhelm Weber. A robust green location-

allocation-inventory problem to design an urban waste management system under uncertainty [J] . *Waste Management*, 2020, 102.

[8] Meriläinen Eija. The dual discourse of urban resilience: robust city and self-organised neighbourhoods [J] . *Disasters*, 2020, 44(1).

[9] Maléne Campbell, Verna Nel, Thulisile Mphambukeli. A thriving coal mining city in crisis? The governance and spatial planning challenges at Witbank, South Africa [J] . *Land Use Policy*, 2017, 62.

[10] Valeriu Ioan-Franc, Ana-Lucia Ristea, Constanţa Popescu. Integrated Urban Governance: A New Paradigm of Urban Economy [J] . *Procedia Economics and Finance*, 2015, 22.

[11] Agata Mesjasz-Lech. Municipal Waste Management in Context of Sustainable Urban Development [J] . *Procedia – Social and Behavioral Sciences*, 2014, 151.

[12] Meirong Su, Bin Chen, Zhifeng Yang. Implication of Ecosystem Health Assessment for Urban Management [J] . *Procedia Environmental Sciences*, 2010, 2.

[13] Carole Rakodi. Politics and performance: the implications of emerging governance arrangements for urban management approaches and information systems [J] . *Habitat International*, 2003, 27(4).

[14] Edoardo Favari. Reducing Complexity in Urban Infrastructure Projects [J] . *Procedia – Social and Behavioral Sciences*, 2012,

53.

[15] Naim Kapucu. Disaster and emergency management systems in urban areas[J] . *Cities*, 2012, 29.

[16] Roberto Camagni. Uncertainty, Social Capital and Community Governance: The City as a Milieu [J] . *Contributions to Economic Analysis*, 2004, 266.

[17] Rien van Stigt, Peter P. J. Driessen, Tejo J. M. Spit. Steering urban environmental quality in a multi-level governance context. How can devolution be the solution to pollution? [J] . *Land Use Policy*, 2016, 50.

[18] Feng Li, Hongxiao Liu. Shifting to healthier cities with improved urban ecological infrastructure: From the perspectives of planning, implementation, governance and engineering[J] . *Journal of Cleaner Production*, 2016.

[19] Brendan Gleeson, Mark Spiller. Metropolitan governance in the urban age: trends and questions [J] . *Current Opinion in Environmental Sustainability*, 2012, 4(4).

[20] Salemenkarit, T. Community Buiding, Civil Society and societal Service Production in China [J] . *Journal of Civil Society*. Vol, 7, No. 1, 2011.

[21] Leach R. Percy S J. *Local Governance in Britain* [M] . Basingstoke: Palgrave, 2001.

[22] Pierre J. Models of urban governance: The Institutional Dimension of Urban Politics [J] . *Urban Affairs Review*, 1999, 34(3).